CLASSIQUES & CIE
PHILO

W0463380

Platon

Le Banquet

Texte intégral

Collection dirigée par
Laurence Hansen-Løve

Traduction originale
Tiphaine Karsenti
agrégée de lettres classiques, ancienne élève de l'ENS
maître de conférences à l'université Paris-X

Analyse
Marianne Massin
agrégée de philosophie, ancienne élève de l'ENS
maître de conférences à l'université Rennes-II

Hatier

LE BANQUET

Ancienne élève de l'ENS, titulaire d'un doctorat de philosophie sur « Les Figures du ravissement » publié chez Grasset en 2001, **Marianne Massin** est actuellement maître de conférences à l'université Rennes-II. Elle travaille actuellement sur l'examen critique et la réévaluation de la notion d'inspiration, tant dans le champ de la philosophie que de la pratique artistique, et sur la philosophie de l'art. Auteur de nombreux articles, elle aussi participé à des ouvrages collectifs. Elle a publié *La Pensée vive. Essai sur l'inspiration philosophique* (Armand Colin, 2007).

Conception graphique de la maquette :
c-album, Jean-Baptiste Taine, Rachel Pfleger
Principe de couverture : Double
Mise en page : Soft Office
Chronologie : Domino
Suivi éditorial : Catherine Zerdoun

ISBN : 978-2-218-97195-2

L'ARCHITECTURE DE L'ŒUVRE

L'AUTEUR ET LE CONTEXTE

THÈMES ET PROBLÉMATIQUES

OUTILS COMPLÉMENTAIRES

LE BANQUET[1]

OU *DE L'AMOUR*, GENRE MORAL

1. *Cf.* Thèmes et problématiques, « La singularité de l'œuvre », p. 111.

172a APOLLODORE[1]. — Je suis assez bien placé, je crois, pour vous raconter ce que vous[2] voulez savoir. L'autre jour, en effet, je me trouvais sur le chemin de la ville — car je remontais de Phalère, mon dème[3] — quand derrière moi, un homme que je connaissais m'aperçut et m'appela de loin en plaisantant.

GLAUCON[4]. — Hé toi ! homme de Phalère ! Apollodore ! Tu ne m'attends pas ?

APOLLODORE. — Je m'arrêtai et l'attendis. Il continua :

GLAUCON. — Apollodore, justement je te cherchais tout à l'heure, je voulais que tu me racontes la rencontre entre
b Agathon, Socrate, Alcibiade et les autres convives du

1. Apollodore était un véritable disciple de Socrate. On le rencontre dans le *Phédon* (59a, 117d). Xénophon le compte au nombre des disciples les plus fidèles de Socrate dans *Mémorables* (III, 11, 17). \ **2.** Apollodore répond à des amis qui l'interrogent sur le fameux banquet organisé par Agathon. \ **3.** Phalère était l'ancien port d'Athènes. Il était situé sur la côte sud-ouest de l'Attique, à environ 620 stades (3 km) au sud-est d'Athènes. C'était l'un des 170 dèmes de l'Attique. Le dème est une division administrative de la Grèce antique. \ **4.** Ce Glaucon est sans doute le plus jeune frère de Platon, qu'on rencontre aussi dans *La République* et dans le *Parménide* (172c). Il ne faut pas le confondre avec le père de Charmide, auquel il est fait allusion en 222b.

banquet, et que tu me dises quels discours ils tenaient sur l'amour. C'est un autre qui m'en a parlé. Il l'avait appris de Phénix[1], le fils de Philippe, et il m'a affirmé que toi aussi tu étais au courant. Mais lui ne pouvait rien dire de précis ; alors raconte-moi, toi qui es, de tous, le plus autorisé à rapporter les discours de ton compagnon. Avant tout, ajouta-t-il, dis-moi : étais-tu toi-même présent à cette réunion, ou non ?

APOLLODORE. — On voit bien, répondis-je, que celui qui t'a
c dit cela ne t'a rien raconté de précis, si tu penses que la
réunion sur laquelle tu t'interroges a eu lieu assez récemment pour que j'y aie assisté moi aussi.

GLAUCON. — C'est ce que je pensais pourtant.

APOLLODORE. — Comment est-ce possible, Glaucon ? Ignores-tu que cela fait des années qu'Agathon[2] ne réside plus ici, alors que cela ne fait même pas trois ans que je fréquente Socrate et que ses activités et ses propos quotidiens m'importent ? Avant cela, j'errais au hasard en croyant faire
173a quelque chose ; j'étais plus malheureux que quiconque,
tout comme toi aujourd'hui, parce que, pour moi, n'importe quelle activité valait mieux que la philosophie.

GLAUCON. — Ne te moque pas de moi ! répondit-il, et dis-moi plutôt quand a eu lieu cette réunion.

APOLLODORE. — Nous étions encore enfants, dis-je, c'était au moment du couronnement d'Agathon pour sa première tragédie[3], le lendemain du jour où ses choreutes[4] et lui firent des sacrifices pour leur victoire.

---

1. Ce Phénix nous est inconnu par ailleurs. \ **2.** Agathon est en Macédoine, à la cour du roi Archélaos, depuis 407 av. J.-C. \ **3.** *Cf.* Thèmes et problématiques, p. 112. \ **4.** Les choreutes sont les membres du chœur dans une tragédie antique. Dans les premières tragédies, le chœur était l'unique personnage. Petit à petit des protagonistes se sont détachés de la masse indistincte des choreutes.

GLAUCON. — Alors ce devait être il y a bien longtemps, dit-il. Mais qui te l'a raconté ? Socrate lui-même ?

APOLLODORE. — Non par Zeus, répondis-je ; c'est celui qui
b l'a raconté à Phénix, un certain Aristodème de
Kydathénéon[1], un petit homme qui allait toujours pieds
nus. Il avait assisté à la réunion : je crois qu'il était l'un des
amoureux les plus passionnés de Socrate à l'époque.
Cependant, je n'ai pas manqué d'interroger Socrate lui-
même sur ce que m'avait appris Aristodème, et il m'a
confirmé ses dires.

GLAUCON. — Eh bien ! dit-il, qu'attends-tu pour me le
c raconter ? D'ailleurs, la route de la ville est idéale pour
marcher tout en conversant.

APOLLODORE. — C'est ainsi que, tout en marchant, je lui ai
fait le récit de cette soirée. Voilà pourquoi je vous disais
en commençant que je n'étais pas mal placé pour en parler ;
et s'il faut vous la raconter à vous[2] aussi, je ne saurais refuser.
Pour moi d'ailleurs, parler de philosophie ou écouter les
autres en parler, c'est, sans même considérer l'utilité que
j'en retire, un immense plaisir ; à l'inverse, quand j'entends
d'autres discours, et en particulier les vôtres, vous les riches
et les hommes d'affaires, je m'ennuie et j'ai pitié de vous,
mes amis, parce que vous croyez faire quelque chose alors
d que vous ne faites rien. Sans doute, vous, de votre côté,
pensez-vous que je suis malheureux, et je crois que vous
avez raison ; mais en ce qui vous concerne, je ne le crois
pas, j'en suis sûr !

L'AMI D'APOLLODORE. — Tu ne changes pas, Apollodore ! Tu critiques toujours tout le monde, toi-même et les autres, et j'ai l'impression que tu considères que, à part Socrate,

1. Aristodème était un humble et fidèle disciple de Socrate. \ **2.** Le « vous » renvoie ici à Glaucon et à l'ami d'Apollodore.

tous les hommes sont malheureux, à commencer par toi. Je ne sais pas d'où te vient ce surnom de « fou furieux[1] » mais ce qui est sûr, c'est que dans tes discours tu ne changes pas, tu t'énerves toujours contre toi-même et contre les autres, excepté Socrate.

e APOLLODORE. — Mon très cher ami, crois-tu vraiment qu'en ayant cette opinion de moi et de vous, je suis fou, je déraille ?

L'AMI D'APOLLODORE. — Il est inutile de nous disputer maintenant sur ce sujet, Apollodore. Concentre-toi plutôt sur ce que nous t'avons demandé : raconte-nous quels discours ils ont tenus.

APOLLODORE. — Eh bien ! voici à peu près ce qu'ils disaient…
174a Mais il vaut mieux que je commence au début, et que j'essaye de tout vous raconter comme Aristodème l'a fait :

ARISTODÈME. — Je rencontrai Socrate, dit-il, sortant du bain et des sandales aux pieds, ce qui n'était pas dans ses habitudes ; je lui demandai où il allait, élégant comme il était, et il me répondit :

SOCRATE. — Dîner chez Agathon[2]. Hier, quand on fêtait sa victoire, j'ai filé comme un voleur par peur de la foule, mais j'ai accepté de venir chez lui aujourd'hui ; c'est pour cela que je me suis fait beau : je veux être beau pour aller chez un beau garçon. Mais toi, que dirais-tu de venir dîner sans avoir été invité ?

---

1. Il y a une hésitation dans les manuscrits entre *malakos*, qui signifie « tendre », et *manikos*, « fou ». Le choix de *manikos* est rendu plus plausible par la réponse d'Apollodore qui utilise la forme *mainomai*, « je suis fou ». C'est la première occurrence du thème de la *mania*, *cf.* Thèmes et problématiques, p. 132. \ **2.** Agathon, l'hôte de ce banquet, était un poète tragique dont Aristote dit qu'il fut le premier à choisir pour ses tragédies des sujets qui n'étaient pas issus de la mythologie traditionnelle. En 416 av. J.-C., au moment où l'on fête sa première victoire dans un concours de tragédies, il est encore jeune. Dix ans plus tard, il est invité à la cour du roi Archélaos de Macédoine, où il reste sans doute jusqu'à sa mort, à la fin du ve siècle av. J.-C. Il est connu non seulement pour son talent de poète, mais aussi pour sa grande beauté.

b Aristodème. — Je ferai ce que tu voudras, répondis-je.

Socrate. — Alors suis-moi, dit-il, comme cela nous allons
détourner, en le modifiant, le proverbe qui dit : les gens
de bien n'ont pas besoin d'être invités pour aller dîner chez
des gens de bien[1]. Homère, lui, risque non seulement
d'avoir détourné le proverbe, mais même de lui avoir fait
violence : il a fait d'Agamemnon un très grand guerrier,
c et de Ménélas un *guerrier sans vigueur*[2] ; puis, quand
Agamemnon offre un sacrifice suivi d'un repas, il fait venir
Ménélas au festin alors qu'il n'y a pas été invité : lui, le
moins vaillant, vient au festin du plus valeureux.

Aristodème. — Mais peut-être que moi aussi, Socrate, je
vais courir un risque, contrairement à ce que tu dis ; je crois
plutôt que je serai, suivant le modèle d'Homère, l'homme
sans valeur qui va au festin d'un homme sage sans y être
invité. À toi de voir, si tu m'emmènes, quelle raison tu
trouveras pour justifier ma présence : je refuse de dire que
d je suis venu sans avoir reçu d'invitation ; je dirai que c'est
toi qui m'as invité.

Socrate. — *Quand on vient à deux*, répondit-il, *l'un voit pour l'autre*[3], nous allons réfléchir à ce que nous dirons. Allons-y !

Aristodème. — Voilà à peu près ce que nous nous sommes
dit avant de nous mettre en route. Socrate, absorbé dans
ses réflexions, marchait un peu en arrière. Comme je l'at-
tendais, il me dit de continuer à avancer. Lorsque j'arrivai
e chez Agathon, je trouvai la porte ouverte, et j'eus à affronter
une situation assez ridicule : tout de suite, un jeune esclave

1. Il y a en grec un jeu de mots : le prénom Agathon ressemble beaucoup au nom *agathoi*, qui signifie « les gens de bien ». Ainsi, le proverbe modifié par Socrate serait : les gens de bien n'ont pas besoin d'être invités pour aller dîner chez Agathon. \ **2.** *Cf. Iliade*, XVII, 588. \ **3.** Cette expression est une citation de l'*Iliade*, X, 24.

sortit de l'intérieur de la maison et me conduisit dans la pièce où se tenaient les autres convives, qui étaient sur le point de se mettre à table. Dès qu'il me vit, Agathon prit la parole :

AGATHON. — Aristodème, me dit-il, tu arrives à point nommé pour dîner avec nous ! Si c'est pour autre chose que tu es venu, remets-le à plus tard : justement hier je te cherchais pour t'inviter, mais je n'ai pas pu te trouver. Et Socrate, comment se fait-il que tu ne nous l'amènes pas ?

ARISTODÈME. — Je me retourne, et pas de Socrate ! il ne m'avait pas suivi ; j'expliquai donc que j'étais bien venu avec Socrate, et que c'était lui qui m'avait invité à ce dîner.

AGATHON. — Tu as bien fait, dit Agathon ; mais lui, où est-il ?

175a ARISTODÈME. — Il marchait derrière moi il y a un instant, et je suis aussi perplexe que toi, je me demande où il peut bien être.

AGATHON. — Veux-tu donc aller voir où est Socrate, mon garçon[1], ordonna Agathon, et amène-le-nous ! Et toi, Aristodème, poursuivit-il, installe-toi sur le lit qui est à côté d'Éryximaque.

ARISTODÈME. — Pendant qu'un esclave me lavait les pieds pour que je puisse m'allonger, un autre arriva et m'annonça :

ESCLAVE. — Ce Socrate que vous cherchez s'est arrêté à l'écart, dans le vestibule des voisins, je l'ai appelé mais il ne veut pas venir.

AGATHON. — Comme c'est étrange[2]… Appelle-le encore, et ne le lâche pas.

1. Il s'agit du jeune esclave qui sert à table. \ **2.** En grec *atopon*, ce qui signifie littéralement « hors de son lieu » et, par extension, « étrange, insolite, extravagant ». Alcibiade utilisera à deux reprises l'adjectif pour décrire Socrate (215a et 221d). *Cf.* Thèmes et problématiques, p. 114 et Glossaire : Atopie, p. 141.

b Aristodème. — Non, dis-je, laissez-le ! C'est une de ses habitudes : parfois il s'arrête à l'écart comme cela, n'importe où. Il devrait bientôt venir. Ne le dérangez pas, laissez-le.

Agathon. — Eh bien, si c'est ce que tu penses, il faut suivre ton conseil. Mais nous, il faut que vous nous fassiez dîner, mes garçons ! Sentez-vous libres de servir absolument ce que vous voulez, comme quand personne ne vous dirige, ce qui jusqu'à présent n'est jamais arrivé chez moi ; aujourd'hui, dites-vous que moi-même, et tous les autres qui
c sont ici, nous sommes vos invités pour ce dîner, et traitez-nous avec assez d'égard pour mériter nos félicitations.

Aristodème. — Ensuite, nous nous sommes mis à table, mais Socrate ne venait pas ; Agathon donnait régulièrement l'ordre d'aller le chercher, mais je l'en empêchais. Finalement il arriva, sans s'être attardé aussi longtemps que d'habitude, mais on en était quand même à la moitié du dîner. Alors Agathon — qui se trouvait tout seul sur le dernier lit — s'écria :

Agathon. — Étends-toi ici, Socrate, à côté de moi, pour que
d moi aussi, à ton contact, je profite du savoir qui t'est venu dans le vestibule ; car il n'y a aucun doute que tu l'as trouvé et que tu le possèdes, sinon tu ne serais pas reparti.

Socrate. — Socrate s'assit et dit :

Ce serait bien, Agathon, si le savoir pouvait s'écouler du plus plein dans le plus vide quand nous sommes en contact les uns avec les autres, comme l'eau qui s'écoule, par l'intermédiaire d'un fil de laine, de la coupe la plus pleine dans
e la plus vide. Si le savoir aussi a cette capacité, j'attache beaucoup de prix au fait d'être couché près de toi, car je suppose que je vais, à tes côtés, me remplir d'un grand et beau savoir. Le mien en effet, si j'en ai un, est médiocre, ou douteux comme un rêve, tandis que le tien est brillant et peut encore s'accroître, lui qui a brillé si fortement en

toi dès ta jeunesse, et qui s'est rendu visible avant-hier aux yeux de plus de trente mille Grecs.

AGATHON. — Tu ne peux pas t'empêcher d'exagérer, Socrate. Nous trancherons un peu plus tard, toi et moi, sur la question du savoir, en prenant pour juge Dionysos[1] ; pour l'instant, pense d'abord à dîner.

176a ARISTODÈME. — Ensuite, Socrate s'étendit sur le lit. Quand il eut dîné, et les autres aussi, ils firent des libations[2], chantèrent en l'honneur du dieu[3], accomplirent tous les rites convenus[4], puis ils s'apprêtèrent à boire. Alors Pausanias entama un discours qui disait à peu près ceci :

PAUSANIAS. — Mes amis, comment allons-nous faire pour boire sans que cela devienne désagréable ? Moi, sincèrement, je ne me sens vraiment pas bien du tout à cause de ce que nous avons bu hier, et j'ai besoin d'un peu de répit ; je suppose qu'il en est de même pour un grand nombre d'entre vous, car vous étiez là hier. Réfléchissez à la façon dont nous pourrions boire sans désagrément.

b ARISTOPHANE. — Aristophane[5] répondit : Tu as raison, Pausanias, il faut de toute façon que nous trouvions un moyen de boire sans perdre notre plaisir ; moi aussi, je fais partie de ceux qui ont passé hier une soirée bien arrosée.

1. Dionysos est le dieu du vin. Agathon suggère qu'ils seront plus aptes à continuer leur discussion quand ils en seront du moment du banquet où l'on boit, après le repas. \ **2.** Les repas étaient suivis de trois libations – à Zeus Olympien et aux dieux olympiens, aux héros et à Zeus Sauveur –, ce qui consiste à verser du vin par terre en l'honneur du dieu avant de se servir soi-même en prononçant une prière ; puis on chantait un péan, chant de salutation généralement adressé à Apollon ; enfin, on se mettait à boire. \ **3.** Dionysos, sans doute. \ **4.** Platon juge inutile de donner le détail de ces rites habituels, mais d'autres sources nous permettent de supposer qu'il s'agissait du débarrassage ou du déplacement des tables (Xénophon, *Symposium*, II, 1) et de la distribution de couronnes et de bandelettes aux convives (Aristophane, *Acharnaniens*, 1145). \ **5.** Aristophane (v. 457-v. 385 av. J.-C.) est plus grand poète comique de la Grèce antique. *Cf.* Thèmes et problématiques, « L'élévation progressive des propos », p. 128.

ÉRYXIMAQUE. — Éryximaque[1], le fils d'Acoumène, qui les avait écoutés, intervint alors : Vous avez parfaitement raison ; et il y en a encore un parmi vous que j'aimerais entendre : Agathon, qu'en penses-tu ? As-tu la force de boire ?

AGATHON. — Pas du tout, moi non plus je n'en ai pas la force.

c ÉRYXIMAQUE. — Ce serait, à mon avis, une aubaine pour nous — Aristodème, Phèdre, les convives ici présents et moi — si vous, qui êtes le moins sensibles à l'alcool, vous renonciez à boire aujourd'hui ; car nous, nous y sommes très sensibles. Je ne compte pas Socrate : il peut aussi bien boire que ne pas boire ; quoi que nous fassions, il sera content. Donc, puisque, semble-t-il, personne ici n'a envie de boire beaucoup de vin, peut-être que vous ne m'en voudrez pas
d trop si je vous dis la vérité sur l'ivresse. La médecine m'a enseigné, je crois, avec évidence, que l'ivresse est nocive pour l'homme. Et moi-même je n'irais pas volontairement boire avec excès, ni engager un autre à le faire, encore moins s'il a toujours la gueule de bois de la veille.

PHÈDRE. — Eh bien ! dit Phèdre de Myrrhinonte[2] qui prit alors la parole, moi je t'écoute toujours, surtout quand tu parles de médecine ; mais aujourd'hui les autres aussi t'écouteront, s'ils sont raisonnables.

1. Éryximaque est un médecin. On le rencontre aussi dans le *Phèdre* (227a et 269a) en tant qu'ami de Phèdre, et dans le *Protagoras* (315c), où il se rend avec d'autres chez Callias pour écouter les grands sophistes. Acoumène est le nom d'un autre ami de Phèdre (*Phèdre*, 227a), d'un homme dénoncé en 415 av. J.-C. pour avoir parodié les Mystères (*Andocide*, I, 18), et d'un homme mentionné pat Xénophon (*Mémorables*, III, 13, 2). Ces trois Acoumène sont probablement le même homme. \ **2.** Myrrhinonte est le dème dont Phèdre est originaire. On retrouve ce personnage dans deux autres dialogues de Platon : le *Protagoras* et le *Phèdre*. C'est un jeune élève de Lysios, grand logographe (rédacteur de discours judiciaires).

e ARISTODÈME. — Après avoir entendu ces discours, tous s'accordèrent pour ne pas passer la soirée à s'enivrer, et ils décidèrent de ne boire que selon leur plaisir.

ÉRYXIMAQUE. — Ainsi, reprit Éryximaque, puisqu'il est établi que chacun boira comme il le voudra, sans se forcer, je propose que maintenant nous renvoyions la joueuse d'*aulos*[1] qui vient d'entrer — qu'elle aille jouer pour son propre plaisir ou bien, si elle veut, pour les femmes de la maison[2] — et que nous, nous passions cette soirée à discuter ; de quoi parlerons-nous ? Si vous voulez, j'ai une idée à vous soumettre.

177a ARISTODÈME. — Tous furent d'accord et lui demandèrent quelle était sa proposition. Éryximaque répondit donc :

ÉRYXIMAQUE. — Je commencerai à la façon de la Mélanippe d'Euripide[3], car *ce que je vais dire n'est pas de moi*, mais de Phèdre ; il ne cesse, en effet, de me dire avec indignation : « Est-ce que tu ne trouves pas inadmissible, Éryximaque, que pour les autres dieux, il y ait des hymnes et des péans[4] composés par les poètes, et que pour l'Amour, qui est un dieu si grand et si puissant, jamais aucun des nombreux poètes qui ont existé n'ait composé le moindre
b éloge ? Pense aussi, si tu veux bien, aux habiles sophistes[5] : ils écrivent des éloges en prose d'Héraclès ou d'autres héros,

1. L'*aulos* est un instrument de musique antique doté d'une anche et d'un tuyau percé de quatre trous sur lesquels on peut jouer avec les doigts. C'était la mode, lors des banquets, de proposer des danseurs, des jongleurs, des musiciens et ce genre d'artistes pour divertir ses invités (*cf.* Xénophon, *Banquet*, II, 1 ; Aristophone, *Acharnaniens*, 1090 ; Platon, *Protagoras*, 347c-d). \ **2.** Les joueuses d'*aulos* étaient les seules femmes dont la présence était autorisée auprès des hommes lors des banquets. \ **3.** *Mélanippe la sage* est une tragédie perdue d'Euripide. \ **4.** Il y a une différence entre l'hymne et le péan qui a tendu à disparaître. Tous deux sont des variétés du chant religieux. \ **5.** *Cf.* Glossaire : Sophiste, p. 145.

comme le fait l'excellent Prodicos[1]. Mais cela n'est pas le plus étonnant : je suis tombé un jour sur le livre d'un savant[2] quelconque, qui faisait un magnifique éloge du sel pour
c son utilité ; et il y a beaucoup d'autres choses du même genre dont on peut trouver des éloges. Alors qu'on a développé des trésors d'habileté pour traiter de pareils sujets, personne jusqu'à aujourd'hui n'a encore osé chanter l'Amour comme il le mérite ; tu vois comme on traite avec indifférence un si grand dieu ! » Je trouve que Phèdre a raison. Je voudrais donc lui faire plaisir en l'aidant à combler cette lacune, et en même temps il me semble que l'éloge du dieu est un thème tout à fait approprié pour nous, ce soir. Si
d vous êtes du même avis, nous aurons là, je crois, un sujet assez riche pour alimenter nos discours : je suggérerais que chacun d'entre nous, de gauche à droite, prononce un éloge de l'Amour, le plus beau possible, en commençant par Phèdre parce qu'il est le premier de la rangée, et qu'il est à l'origine de ce sujet.

Socrate. — Personne, Éryximaque, ne sera contre cette idée : comment pourrais-je m'y opposer, moi qui déclare ne rien savoir sinon ce qui concerne l'amour ? Agathon et Pausanias[3]
e ne s'y opposeront pas non plus, ni évidemment Aristophane, qui ne parle que de Dionysos et d'Aphrodite, ni aucun de ceux que je vois ici. Cependant, nous sommes désavantagés, nous qui occupons les dernières places. Mais si ceux qui nous précèdent parlent avec justesse et élégance, nous

1. Prodicos de Kéos, très connu dans l'Athènes de la fin du ve siècle av. J.-C. (*cf. Protagoras,* 315c), était l'auteur d'une allégorie dans laquelle, à un carrefour, le Vice et la Vertu proposent à Héraclès de choisir entre des voies opposées. Le héros emprunte finalement la voie de la Vertu. \ **2.** Il s'agit ici probablement de Polycrate, un sophiste du début du ive siècle av. J.-C. \ **3.** Agathon et Pausanias sont amants. Leur relation est souvent évoquée au cours du banquet. Ils habitaient même sans doute ensemble.

serons contents. Allons, Phèdre, à toi de commencer ! Bonne chance ! Fais un éloge de l'Amour !

APOLLODORE. — Tout le monde fut d'accord bien entendu
178a et on répéta l'invitation de Socrate. Aristodème ne se souvenait pas parfaitement de tout ce que chacun avait dit, et moi à mon tour je ne me souviens pas parfaitement de ce que lui m'a dit. Mais je vais vous rapporter ce qui m'a semblé le plus important et le plus intéressant dans chaque discours.

Ce fut donc, comme je l'ai dit, Phèdre qui parla le premier, et il commença son discours à peu près ainsi :

PHÈDRE. — L'Amour est un grand dieu, digne de l'admiration des hommes comme des dieux pour de nombreuses
b raisons, dont la moindre n'est pas son origine. Il a l'honneur de faire partie des dieux les plus anciens, ajouta-t-il. J'en veux pour preuve le fait qu'il n'a pas de parents, et que personne, ni prosateur ni poète, ne lui en attribue. D'après Hésiode, il y eut d'abord le Chaos :

Et puis la Terre au large sein,
assise éternelle et sûre pour tous les êtres,
ainsi que l'Amour…[1]

En accord avec Hésiode, Acousilaos[2] affirme qu'après le Chaos sont nés ces deux êtres, la Terre et l'Amour. Et Parménide[3] dit, à propos de la Génération :

De tous les dieux, c'est l'Amour qu'elle[4] *imagina en premier.*

1. Hésiode, *Théogonie*, 116 *sqq.* \ **2.** Il s'agit d'Acousilaos d'Argos, le « logographe » (v. 475 av. J.-C.), qui a écrit plusieurs livres de Généalogies en dialecte ionien, largement inspirés d'Hésiode. \ **3.** Parménide d'Élée (515-450 av. J.-C.) est un philosophe présocratique qui fut le premier à affirmer l'éternité et l'immuabilité de l'Être : l'être est. \ **4.** On ne sait pas avec certitude qui représente ce « elle », sujet du verbe grec *mètisato*. Plutarque pense qu'il s'agit d'Aphrodite. Il semble possible d'opter pour la Génération, qui est déjà personnifiée chez Homère (*Iliade*, XIV, 201).

c Ainsi, pour de nombreuses raisons, on s'accorde à dire que l'Amour fait partie des dieux les plus anciens.

Parce qu'il est très ancien, il est pour nous la source des plus grands bienfaits. Quant à moi, en effet, je ne vois pas de plus grand bien que de bénéficier, dès sa jeunesse, d'un amant de valeur, et de trouver la même valeur chez son bien-aimé quand on est amant[1]. Car ce qui doit guider pendant toute leur vie les hommes qui essaient de régler leur conduite sur le bien, ce n'est ni leur famille, ni les honneurs, ni la richesse, qui peuvent le leur inspirer, mais
d c'est l'amour plus que toute autre entité. Or, quel est ce principe conducteur ? C'est la conviction qu'il est honteux de commettre des actions viles, et qu'il est beau au contraire de surpasser les autres par de belles actions. Sans ces deux sentiments, aucune ville ni aucun individu ne peut rien accomplir de grand ni de beau. Je l'affirme avec certitude : pour un homme amoureux, s'il est surpris en train de commettre un crime ou s'il se montre lâche en se laissant maltraiter sans se défendre, il est moins douloureux d'être vu par son père, par ses amis, ou par n'importe qui d'autre,
e que par celui qu'il aime. Et nous observons la même chose chez celui qui est aimé : c'est surtout devant ses amants[2] qu'il a honte quand il est surpris dans une situation honteuse. S'il y avait donc un moyen de constituer une ville ou une armée avec des amants et leurs bien-aimés, on ne pourrait pas trouver de meilleur gouvernement que le leur puisqu'ils éviteraient toutes les actions honteuses et
179a rivaliseraient entre eux pour le bien ; et, s'ils combattaient ensemble, ces amants pourraient, à eux seuls, vaincre pour ainsi dire l'humanité entière. Car pour un amant, il serait

1. Phèdre distingue l'*erastês*, plus âgé (amant), du *paidika*, plus jeune (bien-aimé). \ **2.** Il était habituel qu'il y ait plusieurs amants *(érastai)* pour les mêmes bien-aimés *(paidika)*. Platon l'évoque dans le *Charmide* (154a).

bien moins supportable de quitter les rangs ou de jeter ses armes devant son bien-aimé que devant tous les autres, et il préférerait plutôt mourir mille fois. Quand il pourrait abandonner son bien-aimé ou ne pas lui venir en aide s'il est en danger, nul n'est assez vil pour que l'Amour, par lui-même, ne lui inspire un courage proche de celui des dieux et ne le rende égal au plus doué de vaillance par la
b nature. Tout à fait comme chez Homère quand le dieu *insuffle la force*[1] à certains héros, l'Amour la procure aux amants, qui la tiennent de lui.

Mourir pour autrui, seuls les amants le désirent, cela est certain, et pas seulement les hommes, mais aussi les femmes. La fille de Pélias, Alceste[2], fournit aux Grecs un témoignage suffisant pour appuyer mon discours, elle qui, seule, a accepté de mourir pour son époux, alors qu'il avait un père et une mère.

c Son amour fut tellement plus fort que le leur qu'ils apparurent aux yeux de leur fils comme des étrangers qui ne lui étaient liés que par le nom. Quand elle eut accompli ce sacrifice, non seulement les hommes, mais les dieux eux-mêmes trouvèrent son acte si beau que cet honneur, que si peu de héros, auteurs de nombreux exploits, ont obtenu — voir son âme rappelée de l'Hadès[3] —, les dieux le lui ont accordé ; ils ont fait revenir son âme parce qu'ils

1. On trouve cette expression chez Homère, dans l'*Iliade*, X, 482, quand Athéna aide Diomède et XV, 362, quand Apollon aide Hector. L'idée qu'une divinité peut aider un héros, c'est-à-dire souvent un demi-dieu ou un personnage surhumain, au moment d'un combat, est récurrente chez Homère ; mais il ne s'agit pas toujours de la même divinité. \ **2.** Alceste est mariée à Admète, roi de Thessalie. Ce dernier doit mourir, mais Apollon, qu'il a hébergé dans le passé, réussit à obtenir qu'il échappe à la mort si un autre mortel meurt à sa place. Le père et la mère du roi refusent de se sacrifier pour leur fils. Seule Alceste accepte de mourir pour son époux. Hésiode, dans son *Catalogue des femmes* et Euripide, dans *Alceste*, ont tous deux raconté cette histoire. \ **3.** L'Hadès est le royaume des morts dans la mythologie grecque.

d avaient admiré son acte. Ainsi, même les dieux honorent particulièrement le dévouement et la vertu lorsqu'ils procèdent de l'amour. En revanche, ils ont renvoyé de l'Hadès Orphée[1], le fils d'Œagre, sans qu'il n'ait rien obtenu : ils lui ont montré un fantôme de la femme pour laquelle il était venu, mais ils ne la lui ont pas donnée en personne. Orphée leur semblait mou — il était joueur de cithare[2] — et incapable de mourir par amour comme Alceste ; il se contentait d'essayer d'accéder à l'Hadès vivant. C'est sans doute la raison pour laquelle ils l'ont puni : ce sont des mains de femmes qui ont été les agents de sa mort[3] ;
e ils ne l'ont pas honoré comme Achille[4], le fils de Thétis, en l'envoyant aux îles des Bienheureux. Lui, qui avait appris de sa mère[5] qu'il mourrait s'il tuait Hector, et que s'il ne le tuait pas, il rentrerait chez lui et finirait sa vie très vieux, osa faire le choix de secourir son amant[6] Patrocle,
180a de le venger, et non seulement de mourir pour le venger, mais aussi de mourir pour le rejoindre. Ainsi les dieux, très admiratifs, l'ont honoré plus que tout autre pour avoir attaché tant de prix à son amant. Eschyle[7] dit des bêtises

1. Orphée est un musicien légendaire dont la femme, Eurydice, mourut à la suite d'une piqûre de serpent. Il fut autorisé à la ramener des Enfers, à condition de ne pas se retourner, pour la regarder, pendant tout le voyage du retour. Il ne put tenir sa promesse et la perdit à jamais. \ **2.** Par opposition au guerrier ou au fermier, le musicien était parfois considéré comme peu viril. \ **3.** Orphée a été écartelé par des ménades, sortes de prêtresses de Dionysos qui étaient prises de transes furieuses et sauvages. \ **4.** Achille, fils d'une déesse, Thétis, et d'un mortel, Pelée, est un héros de la guerre de Troie : il est le héros du camp grec tandis qu'Hector est le héros du camp troyen. \ **5.** *Cf.* l'*Iliade* IX, 410-416. \ **6.** Homère ne décrit pas l'affection que se portent Achille et Potrocle comme un amour homosexuel, mais c'est ainsi qu'on l'interprète à l'époque classique. \ **7.** Eschyle est le plus ancien des trois tragiques grecs antiques. Dans les *Myrmidons*, pièce perdue dont il ne nous reste que des fragments, il fait explicitement référence à des « baisers » et à des « cuisses ». Peut-être a-t-il été le premier à faire de Patrocle l'amant d'Achille.

quand il prétend que c'est Achille qui aimait Patrocle : il
était plus beau non seulement que Patrocle, mais que tous
les héros ; il était encore imberbe[1], et donc beaucoup plus
jeune[2], comme le dit Homère. En vérité, les dieux hono-
rent particulièrement cette vaillance motivée par l'amour,
b mais ils l'admirent, l'estiment, et la récompensent encore
davantage quand c'est le bien-aimé qui prouve son affec-
tion pour son amant que quand c'est l'amant qui la prouve
à celui qu'il aime. Car l'amant est plus divin que ceux
qu'il aime, inspiré qu'il est par le dieu. C'est pour cela
qu'ils ont honoré Achille plus qu'Alceste, en l'envoyant
aux îles des Bienheureux.

Je prétends donc que l'Amour est le plus ancien des dieux, le plus digne d'honneurs et le plus apte à conduire les hommes à la vertu et au bonheur, pendant leur vie comme après leur mort.

c APOLLODORE. — Voilà donc à peu près quelles furent, d'après
Aristodème, les paroles de Phèdre. Après Phèdre, il y eut
quelques autres discours, dont il ne se souvenait pas très
bien. Il les laissa de côté et m'exposa le discours de
Pausanias, qui disait :

PAUSANIAS[3]. — Je crois, Phèdre, que c'est mal poser le
problème que de nous demander de faire simplement un
éloge de l'Amour. Car s'il n'y avait qu'un unique Amour,
ce serait parfait ; mais il n'y en a pas qu'un. Or, comme il
n'est pas unique, il est plus juste de préciser d'abord quel
d Amour on doit louer. Je vais donc essayer de rectifier les
choses, en disant d'abord quel Amour on doit louer, et en

1. Sur les vases du ve siècle av. J.-C., Achille n'a effectivement pas de barbe – c'est ainsi qu'on se le représentait à l'époque – mais pas toujours dans les documents antérieurs. \ 2. Homère dit dans l'*Iliade* (XI, 786, *sqq.*), qu'Achille est le plus jeune des deux. \ 3. Pausanias nous est connu par le *Protagoras* de Platon et par la mention que fait de lui Xénophon dans son *Banquet*. Il apparaît toujours comme l'amant d'Agathon.

procédant ensuite à l'éloge que ce dieu mérite. Nous savons
tous qu'il n'y a pas d'Aphrodite sans Amour. Par consé-
quent, si elle était unique, l'Amour serait unique ; mais
comme elles sont deux[1], il y a forcément aussi deux
Amours. Qui pourrait nier l'existence de deux déesses ?
L'une, plus âgée, sans mère, est fille du Ciel, et nous l'ap-
pelons Céleste ; l'autre, plus jeune, est fille de Zeus et de
e Diônè : nous l'appelons Vulgaire[2]. Pour l'Amour, il faut
donc nécessairement que nous nommions Vulgaire celui
qui œuvre aux côtés de l'une, Céleste celui qui œuvre aux
côtés de l'autre. Tous les dieux doivent certes être loués,
mais il faut essayer de dire ce que chacun des deux a reçu
comme attributions[3]. Car il en est ainsi de toute action :
en elle-même, une fois qu'elle est réalisée, elle n'est ni
181a belle ni laide — ce que nous faisons en ce moment, boire,
chanter, discuter, rien de tout cela n'est beau en soi ; mais
c'est pendant qu'elle se réalise, selon la façon dont on
procède, que se détermine sa valeur. Si l'on agit selon le
beau et le juste, elle devient belle ; si, au contraire, on agit
selon l'injuste, elle devient laide. L'action d'aimer n'échappe
pas à cette règle, et tous les Amours ne sont pas beaux ni
dignes d'éloge ; seul l'est celui qui porte à aimer avec
beauté.

---

1. Il existe deux versions différentes de la naissance d'Aphrodite. Dans la *Théogonie* (190 *sqq.*), Hésiode dit qu'Aphrodite est née des bourses d'Ouranos (le Ciel) qui avaient été coupées par son fils Chronos (le Temps) et qui étaient tombées dans la mer. Mais dans l'*Iliade* (V, 370-430), Aphrodite est la fille de Zeus et de Dionè. Pausanias considère donc ces deux généalogies comme une preuve qu'il existe deux Aphrodite distinctes. \ **2.** Les épithètes *pandèmos* (vulgaire) et *ouranios* (céleste) sont connues comme épithètes d'Aphrodite et d'autres divinités, à Athènes et ailleurs. Il y avait d'ailleurs deux temples d'Aphrodite à Athènes. On racontait que la construction du temple d'Aphrodite Vulgaire avait été financée par les maisons de passe. \ **3.** Il faut louer tous les dieux pour détourner Némésis (la Vengeance). On considérait que le domaine réservé de chaque dieu – comme l'amour pour Aphrodite, par exemple – lui avait été attribué par le sort.

Ainsi, celui qui œuvre pour l'Aphrodite Vulgaire est vrai-
b ment vulgaire et agit n'importe comment ; c'est l'amour
des hommes vils. Tout d'abord, ces hommes-là n'aiment
pas moins les femmes que les jeunes garçons ; en plus, ils
aiment davantage leurs corps que leurs âmes ; et enfin, ils
choisissent les plus idiots qu'ils trouvent, parce qu'ils ne
s'intéressent qu'au résultat de l'acte, sans se soucier de savoir
si sa réalisation est belle ou non. De sorte qu'il leur arrive
tout autant de le faire bien que le contraire. Il faut dire que
c cet Amour vient de la déesse qui est de loin la plus jeune[1] des
deux et qui, par sa naissance, participe du féminin comme
du masculin. Tandis que l'autre vient de la déesse Céleste
qui, tout d'abord, ne participe pas du féminin, mais unique-
ment du masculin[2], qui est plus âgée, et qui ne connaît pas
les débordements passionnels[3]. Si bien que ceux qui sont
inspirés par cet Amour-là se tournent vers le sexe masculin,
attirés par celui qui est naturellement le plus fort et le plus
doué d'intelligence. Et l'on peut reconnaître, même parmi
d ceux qui aiment les jeunes garçons, ceux qui sont pure-
ment poussés par cet Amour ; en effet, ils n'aiment pas les
jeunes avant l'âge où ils commencent à savoir réfléchir,
c'est-à-dire autour de la puberté. Car ceux qui n'aiment
que les jeunes gens qui ont atteint cet âge, sont prêts, je
crois, à les accompagner toute leur vie et à vivre avec eux ;
ils ne cherchent pas à les tromper, en les prenant jeunes et
sots, pour courir après un autre en se moquant d'eux. Il
faudrait même qu'il existe une règle qui interdise d'aimer

1. *Cf.* note 1, p. 23. La mutilation d'Ouranos eut lieu bien avait la naissance de Zeus, fils de Chronos. \ 2. Parce qu'elle n'a pas de mère. \ 3. L'*hubris*, que nous traduisons ici par « débordement passionnel », était considéré comme une caractéristique de la jeunesse.

e les enfants[1] : cela éviterait de dépenser tant d'énergie pour un résultat incertain. Car on ne peut savoir avec certitude ce que deviendra un enfant, si c'est le bon ou le mauvais qui l'emportera, dans son âme comme dans son corps. Les hommes de bien s'imposent de leur plein gré cette loi à eux-mêmes, mais il faudrait contraindre ces amants vulgaires dont nous parlions à l'appliquer aussi, comme nous les contraignons, autant que nous le pouvons, à ne
182a pas aimer les femmes de condition libre[2]. Car ce sont eux qui ont jeté le déshonneur sur l'amour, si bien que certains osent dire qu'il est honteux de faire plaisir à un amant. Ce qui fait dire cela, c'est la vue de leurs comportements inconvenants et malhonnêtes, alors que, bien sûr, aucun acte, s'il est accompli dans le respect des règles et des convenances, ne mérite d'être blâmé.

Il est bien normal que la conduite à adopter en matière d'amour soit facile à connaître dans les autres cités : elle y est définie simplement ; ici[3], en revanche, c'est compliqué.
b En Élide, en Béotie et partout où il n'y a pas de langues habiles[4], la règle est simple : il est bien de céder à des amants et jamais personne, jeune ou vieux, n'irait dire que c'est mal. Je crois que cela permet à ces gens qui ne sont pas capables de tenir des discours, d'éviter l'embarras d'avoir à convaincre les jeunes. En Ionie[5], au contraire, comme

1. Platon utilise le même terme, *pais*, pour désigner les jeunes gens et les enfants qui sont encore imberbes. \ **2.** Les femmes de condition libre sont celles qui ne sont pas esclaves. Leur père, leur mari ou leur plus proche parent mâle est leur *kurios*, tuteur, et a le droit de les donner en mariage. \ **3.** À Athènes. \ **4.** La capacité à parler et à faire de beaux discours était considérée comme une spécificité d'Athènes, où se trouvaient toutes les écoles des sophistes. \ **5.** Au moment où a lieu le banquet, tous les États ioniens faisaient partie de l'empire athénien. Mais au moment où le dialogue a été écrit, les Ioniens du territoire asiatique, grâce au traité de paix de 387-386 av. J.-C., étaient sous domination perse.

dans de nombreuses autres contrées, toutes dominées par
les Barbares, on juge que c'est honteux. C'est parce que les
Barbares vivent sous des régimes tyranniques que cela est
considéré comme honteux, tout comme l'amour de la
c science ou du sport : les dirigeants n'ont pas intérêt, je
crois, à ce que de hautes pensées naissent dans l'esprit de
leurs sujets, ni que de solides amitiés ou communautés les
lient, ce que précisément l'amour aime à créer plus que
tout. D'ailleurs, nos tyrans en ont fait l'expérience : l'amour
d'Aristogiton et la fidèle amitié d'Harmodios détruisirent
leur pouvoir[1]. Ainsi, là où l'on considère qu'il est honteux
d de céder à des amants, c'est la médiocrité de ceux qui l'ont
établie, la soif de pouvoir des dirigeants ou la lâcheté des
sujets, qui est à l'origine de cette règle. Et là où l'on consi-
dère tout simplement, au contraire, que c'est bien, la règle
s'explique par la paresse de ceux qui l'ont établie.

Mais notre règle est beaucoup plus belle et, comme je l'ai
dit, elle n'est pas facile à comprendre si on y réfléchit avec
attention. On dit, en effet, qu'il est préférable d'aimer
ouvertement plutôt que d'aimer en cachette, et surtout les
hommes de haute naissance et de grande valeur même s'ils
sont moins beaux que d'autres. Par ailleurs, il est impres-
sionnant de voir comme chacun y va de son conseil pour
encourager l'amoureux, sans considérer qu'il fait quelque
chose de honteux ; s'il arrive à ses fins, on le félicite, et c'est
e s'il échoue qu'on le méprise. Enfin, pour ce qui est des
moyens de conquête, la règle veut qu'on loue un amant

1. L'histoire des deux tyrannicides est racontée par Thucydide (VI, 54-59). Aristogiton aimait Harmodios, et Hipparque, frère du tyran Hippias, aussi. Aristogiton et Harmodios conspirèrent pour tuer les deux frères, mais ne parvinrent qu'à tuer Hipparque. Thucydide insiste sur le fait que cela n'a pas mis fin à la tyrannie ; mais la tradition populaire qu'utilise ici Pousanias veut que la tyrannie ait alors pris fin. La fidèle amitié d'Harmodios désigne ici la réponse suscitée chez le bien-aimé (le plus jeune des deux) par l'amour de l'amant.

qui se livre à des conduites extravagantes, alors que
183a quiconque, poursuivant n'importe quel autre but, oserait se conduire ainsi pour l'atteindre, serait exposé aux punitions les plus sévères. S'il voulait, par exemple, obtenir de l'argent de quelqu'un, ou bien exercer le pouvoir ou une fonction importante, et qu'il consente à faire ce que les amoureux font pour séduire leurs bien-aimés, c'est-à-dire accompagner sa demande de prières et de supplications, faire des serments, dormir devant la porte de celui qu'il sollicite, et se soumettre à une forme d'esclavage qu'aucun esclave n'accepterait, il en serait empêché à la fois par ses
b amis et par ses ennemis, parce que les uns critiqueraient ses flatteries et son asservissement, tandis que les autres le raisonneraient et auraient honte pour lui. Mais l'amoureux qui se livre à tous ces excès ne rencontre que bienveillance et la règle l'autorise à agir ainsi sans encourir la moindre sanction, comme s'il se conduisait de façon admirable. Et le pire, si l'on suit l'opinion commune, c'est que lui seul, s'il jure et trahit son serment, peut obtenir le pardon des dieux : il n'y a pas de serment qui tienne, dit-on, devant
c Aphrodite. Ainsi, d'après notre loi, les dieux et les hommes donnent à l'amoureux une liberté totale. Dès lors, on pourrait croire que dans notre cité le fait d'aimer ou d'accepter l'amour de nos amants est considéré comme parfaitement légitime ; pourtant, quand les pères mettent les jeunes gens, objets de convoitise, sous la garde de pédagogues qui doivent les empêcher de discuter avec leurs amants — car c'est bien la consigne qu'on donne au pédagogue —, quand les jeunes gens de leur âge et leurs camarades les critiquent dès qu'ils remarquent quelque chose de cet ordre, et que
d les plus âgés à leur tour ne font rien contre ces censeurs et ne les reprennent pas en disant qu'ils ont tort, à la vue de ces comportements, on pourrait penser plutôt que nous

n'approuvons pas du tout ce genre de conduite. Voici ce
que je pense : l'Amour n'est pas une chose simple, comme
je l'ai dit au début ; il n'est pas bon ou honteux en soi, mais
c'est une bonne chose quand on se conduit bien et une
chose honteuse quand on se conduit de façon honteuse. Il
est honteux d'avoir la médiocrité de céder à un amant
médiocre, mais il est bon et honnête de céder à un amant
e de valeur. Celui qui est médiocre, c'est l'amant vulgaire
dont j'ai parlé, qui aime le corps plus que l'âme ; son amour
n'est pas stable parce que ce qu'il aime ne l'est pas non
plus : dès que la beauté du corps, qui était précisément ce
qu'il aimait, se fane, « il s'envole et disparaît[1] », trahissant
ses nombreux discours et promesses. Mais celui qui aime
quelqu'un pour sa valeur personnelle lui reste attaché à vie
184a parce que ce à quoi il s'est uni est stable. Notre règle se
veut un moyen de mettre à l'épreuve ces amants de façon
rigoureuse et honnête afin que chacun sache lesquels suivre
et lesquels fuir. Elle engage ainsi certains à poursuivre et
d'autres à fuir, en mettant en place des épreuves et des tests
qui permettent de définir la catégorie à laquelle appar-
tiennent et l'amant et l'aimé. C'est pour cette raison qu'on
considère d'abord qu'il est honteux de céder trop vite ; car
il faut laisser passer le temps, qui se révèle souvent être
une bonne épreuve. Ensuite, on trouve honteux de céder
devant l'argent ou la puissance politique, soit qu'on craigne
b quelque mauvais traitement sans pouvoir s'y résigner, soit
qu'on ne dédaigne pas les cadeaux — richesses ou succès
politiques — ; car rien de tout cela ne nous paraît stable
ni solide, sans compter qu'aucune amitié intéressante ne
saurait en résulter.

1. Citation d'Homère (*Iliade*, II, 71).

Il ne reste donc plus, selon notre règle, qu'une voie à suivre pour les jeunes garçons qui veulent céder à un amant en toute honnêteté. Voici la règle que nous adoptons : de même que les amants pouvaient consentir à toute forme d'escla-
c vage pour ceux qu'ils aimaient, sans tomber dans la flatterie ni risquer d'être blâmés, de même il y a une seule autre forme d'esclavage volontaire qui échappe au blâme ; c'est celle qui a la vertu pour objet. Nous pensons, en effet, que quand on veut se faire le serviteur d'un autre, dans l'idée que son contact nous rendra meilleur, dans un savoir particulier ou dans toute autre forme de vertu, alors cet esclavage volontaire n'est ni une honte ni une flatterie. Il faut donc réunir en une seule ces deux règles, celle qui
d concerne l'amour des garçons et celle qui concerne l'aspiration au savoir et à toutes les autres vertus, si on veut qu'il résulte quelque bien du fait que l'aimé cède à l'amant. Quand, en effet, les conduites adoptées par l'amant et l'aimé convergent toutes les deux vers le même point, l'un essayant de rendre au jeune garçon qui lui a cédé tous les services conformes à la justice, l'autre tâchant d'assister celui qui lui enseigne la sagesse et la bonté autant que le permet la justice, l'un pouvant contribuer à donner l'intelligence et
e les autres vertus, l'autre ayant besoin d'être éduqué et instruit, alors, quand leurs conduites se trouvent être complémentaires, et dans ce cas seulement, il est bien pour l'aimé de céder à l'amant. Dans tous les autres cas, il n'en est pas question. Dans ces circonstances, même si on est trahi, il n'y a pas de honte, tandis que dans toutes les autres
185a situations, qu'on soit trahi ou non, on est déshonoré. Quand on cède à un amant dont on pense qu'il est riche dans l'espoir de s'enrichir, et qu'on se fait berner, qu'on ne gagne rien parce que l'amant se révèle être pauvre, on n'en est pas moins couvert de honte. On peut penser qu'un homme

à qui il arrive une telle aventure montre le fond de son
âme : pour de l'argent il a été capable de faire n'importe
quoi pour n'importe qui ; il n'y a là rien de très louable.
Si on reprend le même raisonnement, quand on cède à un
homme qu'on croit bon dans l'espoir de devenir meilleur
grâce à son amitié, et qu'on se fait berner parce qu'il se
révèle mauvais et dépourvu de toute vertu, malgré la
b trahison, l'action reste belle. Car, là encore, on a, semble-
t-il, montré le fond de son âme : la vertu et le désir de se
perfectionner moralement sont, en tout et pour tout, les
objets vers lesquels on tend avec passion, et il n'y a rien
de plus beau. Il est donc tout à fait beau de céder quand
c'est pour la vertu. Cet Amour-là est celui qui est attaché
à l'Aphrodite céleste, c'est l'Amour céleste, il a une grande
valeur à la fois pour la cité et pour les particuliers, parce
c qu'il force l'amant aussi bien que son bien-aimé à prendre
eux-mêmes soin d'eux-mêmes pour acquérir la vertu. Tous
les autres amours sont attachés à l'autre déesse, l'Aphrodite
Vulgaire.

Voilà, Phèdre, tout ce que je peux vous dire sur l'Amour
dans l'immédiat.

ARISTODÈME. — Après la pause de Pausanias — ce sont les
sophistes qui m'ont enseigné ce genre de symétries[1]
sonores —, c'était au tour d'Aristophane de parler, mais,
soit parce qu'il avait trop mangé, soit pour je ne sais quelle
autre raison, il fut pris d'un hoquet et empêché de parler.
d Il s'adressa à Éryximaque qui occupait la place au-dessous
de la sienne :

1. Ce genre d'assonances et de symétries étaient très prisées par Gorgias, qui a exercé une influence considérable sur le développement stylistique de la prose grecque à la fin du Ve et au début du IVe siècle.

Aristophane. — Éryximaque[1], tu serais gentil de me faire cesser ce hoquet[2] ou de prendre la parole à ma place jusqu'à ce que cela me passe.

Éryximaque. — Eh bien, répondit Éryximaque, je vais faire
les deux. Je parlerai à ta place, et tu parleras à la mienne
quand ton hoquet aura cessé. Pendant que je parlerai, si
tu retiens ton souffle assez longtemps, il s'arrêtera ; sinon,
e gargarise-toi avec de l'eau. Si ton hoquet est trop tenace,
prends quelque chose pour te gratter le nez, et éternue ;
quand tu auras fait cela une fois ou deux, même s'il est très
tenace, il s'arrêtera.

Aristophane. — Alors parle vite, répliqua Aristophane, je vais faire comme tu m'as dit.

Éryximaque. — Alors Éryximaque prit la parole : Il me
semble nécessaire, puisque Pausanias, qui a donné un bel
186a élan à son discours, ne l'a pas totalement achevé[3], que je
tente de lui donner une fin. Il a tout à fait raison, à mon
avis, de distinguer deux amours. Mais cette distinction
n'est pas valable seulement pour les âmes des êtres humains
qui sont attirés par les beaux êtres humains, elle vaut aussi
pour les autres êtres qui sont attirés par beaucoup d'autres
choses, pour les corps de tous les animaux, pour les plantes
qui poussent sur la terre, et, pour ainsi dire, pour toutes
les choses qui existent ; je l'observe, me semble-t-il, en tant
b que médecin : c'est un grand dieu, un dieu étonnant, sa
puissance s'étend sur toute chose, autant chez les hommes
que chez les dieux.

---

1. Il est médecin. \ **2.** Une grande partie du comique de l'ancienne comédie est fondée sur le corps. Il est donc tout à fait approprié que ce soit Aristophane qui ait le hoquet et qu'il demande un remède au médecin Éryximaque. Ce hoquet a, par ailleurs, une fonction de césure importante, *cf.* Thèmes et problématiques, « L'élévation progressive des propos », p. 128. \ **3.** Pausanias a limité sa démonstration à l'amour humain. Éryximaque veut étendre le champ d'application de la distinction opérée par son prédécesseur.

C'est la médecine qui sera le point de départ de mon
discours, afin de faire honneur à notre art. Les corps sont,
par nature, soumis à ces deux Amours. Car tout le monde
est d'accord pour dire que ce qui, dans le corps, est sain,
est distinct et différent de ce qui est malade. Or, les choses
différentes désirent et recherchent des choses différentes.
L'amour qui convient à la partie saine du corps est donc
différent de celui qui convient à la partie malade. Ainsi,
de même que, comme Pausanias le disait tout à l'heure[1],
c il est beau de céder à des êtres de valeur et honteux de céder
à des débauchés, de même, pour ce qui est des corps aussi,
il est beau de céder à ce qui est valable et sain dans chaque
corps et il faut le faire — c'est cela qu'on appelle la méde-
cine —, mais il est honteux de céder à ce qui est mauvais
et malade, et quiconque veut suivre les règles du métier
doit l'éviter. La médecine, pour faire court, est la science
des mouvements qui agitent le corps quand, sous l'effet
d'Éros, il se remplit et se vide ; celui qui, dans ces mouve-
ments, est capable de reconnaître le bel amour et le mauvais
d amour, est le meilleur des médecins. Et celui qui substitue
une forme d'amour à l'autre et qui sait mettre de l'amour
là où il n'y en a pas alors qu'il en faut, et en enlever là où
il y en a, celui-là est, à n'en pas douter, un bon praticien.
Car il doit être capable de faire des éléments qui se haïs-
sent le plus dans le corps des amis liés par une affection
mutuelle ; or, les éléments qui se haïssent le plus sont les
plus contraires, le froid et le chaud, l'amer et le doux, le
e sec et l'humide, et tous les couples comme ceux-là. C'est
parce qu'il savait établir l'amour et la concorde au sein de

1. *Cf.* 179e et 183d.

ces couples que notre ancêtre Asclépios[1], à ce que disent les poètes et je leur fais confiance, a fondé notre art.

Donc la médecine, comme je le dis, est tout entière gouvernée
187a par ce dieu. Et il en est de même pour la gymnastique et l'agriculture. Quant à la musique[2], il est évident pour qui y réfléchit une seconde qu'elle est dans le même cas. C'est sans doute ce que veut dire Héraclite, bien que ses vers ne soient pas clairs, quand il déclare que l'unité *se compose en s'opposant à elle-même, comme l'harmonie de l'arc et de la lyre*[3]. Il est parfaitement incohérent de dire que l'harmonie consiste en une opposition ou qu'elle se constitue à partir d'éléments qui continuent à s'opposer. Mais peut-être voulait-il dire que, à partir d'une opposition première entre
b l'aigu et le grave, ensuite, quand les deux éléments s'accordent, elle naît grâce à l'art musical. Car il ne peut pas y avoir d'harmonie si le grave et l'aigu continuent à s'opposer. L'harmonie est une consonance, et la consonance est une sorte d'accord ; or l'accord entre éléments opposés est impossible tant qu'ils restent opposés, si bien qu'il est impossible d'harmoniser ce qui est opposé et ne s'accorde pas. De même, le rythme se crée à partir du rapide et du
c lent, des éléments opposés au départ qui finissent par s'accorder. Et cet accord entre tous ces éléments, de la même façon que tout à l'heure c'était la médecine qui le créait,

1. Asclépios est le fils d'Apollon et de la nymphe Coronis. Dieu de la médecine, il a eu pour professeur le centaure Chiron (*Iliade*, IV, 219 et IV, 449). Il savait comment faire ressusciter les morts ; mais Zeus, redoutant qu'il ne sème le trouble dans l'ordre de la nature, le blessa mortellement de sa foudre. Il était honoré à travers toute la Grèce comme un dieu, mais c'est Épidaure qui était son plus grand lieu de culte. \ **2.** Le terme *mousikè* désigne ce que nous appelons « musique » mais aussi souvent la poésie, la danse, et toute forme d'art. \ **3.** Héraclite, fragment (Diels-Kranz 22 (12) B51). Héraclite d'Éphèse était un philosophe du début du Ve siècle av. J.-C. qui s'exprimait de façon très concise et obscure.

ici c'est la musique qui le permet, en instaurant la concorde
et l'amour mutuel. La musique elle aussi, dans le domaine
de l'harmonie et du rythme, est une science des mouve-
ments amoureux. Cependant, s'il n'est pas difficile de
distinguer le rôle de l'amour dans la constitution même
de l'harmonie et du rythme, on n'y rencontre pas encore
les deux amours. Mais quand il faut mettre en œuvre le
d rythme et l'harmonie pour l'usage des hommes, soit en
créant un morceau (c'est ce qu'on appelle la composition),
soit en utilisant avec intelligence les airs et les vers inventés
par d'autres (c'est ce qu'on appelle l'éducation), c'est alors
que c'est difficile et qu'on a besoin d'un artiste compétent.
En effet, on retrouve ici le même fonctionnement : c'est
aux hommes honnêtes qu'il faut céder, et avec l'intention
que ceux qui ne le sont pas encore deviennent meilleurs à
leur contact ; c'est l'amour de ces hommes-là qu'il faut s'ef-
forcer de préserver. C'est celui-là qui est beau, c'est l'amour
Céleste, celui de la Muse Ouranie. L'autre est celui de la
e Muse Polymnie, l'amour Vulgaire, dont il faut user prudem-
ment quand on en use, de façon à en recueillir le plaisir,
sans tomber dans le dérèglement. À la fois dans la musique,
dans la médecine et dans tous les autres domaines, sur le
plan humain comme sur le plan divin, il faut s'efforcer
autant que possible de préserver les deux formes d'amour,
car elles s'y rencontrent toutes les deux.

188a En effet, l'agencement des saisons de l'année comprend lui
aussi ces deux amours. Quand le hasard fait que les éléments
dont j'ai déjà parlé — le froid et le chaud, le sec et l'hu-
mide — sont disposés l'un vis-à-vis de l'autre dans un
rapport d'amour ordonné, qu'ils s'harmonisent et se mêlent
avec mesure, alors ils viennent apporter aux hommes, aux
animaux et aux plantes l'abondance et la santé, sans causer
aucun dommage. Mais quand c'est l'Éros de l'excès qui

règne sur les saisons de l'année, il détruit beaucoup de
b choses et cause bien des dommages ; les pestes sont souvent
des conséquences de ce genre de phénomènes, comme beau-
coup d'autres maladies diverses qui touchent à la fois les
bêtes et les plantes ; les gelées, la grêle, la nielle du blé
proviennent de l'excès et du déséquilibre dans les relations
internes de ces phénomènes, qui sont des relations d'ordre
amoureux. La science qui traite de cela, du mouvement
des astres et des saisons de l'année, s'appelle l'astronomie[1].
De plus, tous les sacrifices et tout ce qui est lié à la divi-
nation (c'est-à-dire à ce qui permet la communication entre
c les hommes et les dieux) n'ont d'autre rôle que de préserver
et de guérir l'amour. Car ce qui fait en général l'impiété,
c'est de ne pas céder à l'amour ordonné, de ne pas l'ho-
norer, de ne pas le révérer en toute action, et d'honorer au
contraire l'autre amour, dans ses rapports avec ses parents,
qu'ils soient vivants ou morts, et avec les dieux. C'est bien
là ce que doit permettre la divination : examiner et guérir
ceux qui aiment. Et c'est encore elle qui est l'artisan de
d l'amitié entre les dieux et les hommes parce qu'elle sait
quels sont, chez les hommes, les comportements amou-
reux qui tendent au respect des dieux et à la piété.

Telle est la multiple, l'immense, ou plutôt l'universelle
puissance que détient dans sa globalité l'universel Amour.
Mais c'est quand il s'emploie à faire le bien avec modéra-
tion et justice, chez nous comme chez les dieux, qu'il a la
plus grande puissance : il nous procure tout bonheur, nous
donne la capacité de vivre ensemble et de créer des amitiés
e même avec les êtres les plus puissants, les dieux. Sans doute
moi-même, en faisant l'éloge de l'Amour, laissé-je de côté

1. Les Grecs incluaient la météorologie dans l'astronomie. Ils considéraient que certaines étoiles avaient une influence directe sur les changements climatiques, quand elles n'en étaient pas l'origine.

beaucoup de choses, mais ce n'est pas volontaire. Si j'ai oublié quelque chose, c'est à toi, Aristophane, de combler ma défaillance ; ou bien, si tu penses à une autre façon de louer ce dieu, fais son éloge, puisque ton hoquet lui aussi a pris fin.

189a Aristophane prit alors la parole à son tour :

ARISTOPHANE. — Sans doute, il a pris fin, mais pas avant que je lui aie administré le remède de l'éternuement, et je m'étonne que le bon ordre de mon corps nécessite des bruits et des chatouillements comme celui-là. Car dès que j'ai éternué, mon hoquet s'est arrêté.

ÉRYXIMAQUE. — Attention, mon cher Aristophane, répondit Éryximaque, réfléchis à ce que tu fais ! Tu te moques de moi
b au moment où tu vas commencer ton discours, ce qui m'oblige à surveiller tes paroles pour guetter si tu dis quelque chose qui prête à rire, alors que tu pourrais parler en paix.

ARISTOPHANE. — Tu as raison, Éryximaque, dit Aristophane en éclatant de rire, oublie ce que j'ai dit. Mais ne me surveille pas : j'ai peur de dire non pas des choses qui prêtent à rire (ce qui serait tout à fait bénéfique et tout à fait adapté à ma Muse[1]), mais des choses ridicules.

ÉRYXIMAQUE. — Tu m'as décoché ton trait, Aristophane, répondit Éryximaque, et tu crois t'en tirer comme ça. Concentre-toi plutôt et parle comme quelqu'un qui devrait
c rendre des comptes. Il est possible cependant que je t'en fasse grâce, si j'ai envie.

ARISTOPHANE. — Évidemment, Éryximaque, commença Aristophane, j'ai envie de développer d'autres idées que celles que Pausanias et toi avez déjà formulées. Car je crois que les hommes ne perçoivent pas bien la puissance de l'Amour dans toute son étendue. En effet, s'ils la percevaient bien, ils lui élèveraient les temples et les autels les

1. Aristophane est un auteur de comédies (*cf.* note 5, p. 14).

plus magnifiques, et lui consacreraient les sacrifices les plus impressionnants, ce qui est loin d'être le cas aujourd'hui où on ne lui offre rien de cela, alors qu'il le mérite plus
d que tous. Car de tous les dieux il est celui qui aime le plus les hommes : il vient à leur secours et soigne ceux des maux dont la guérison apporte le plus de bonheur à la race humaine. Je vais essayer de vous exposer sa puissance, et vous l'enseignerez aux autres.

Mais il vous faut d'abord apprendre quelle est la nature humaine et par quelles étapes elle est passée. Car autrefois notre nature n'était pas la même qu'aujourd'hui, elle était différente. Tout d'abord, les genres humains étaient au nombre de trois, alors que maintenant ils ne sont plus que
e deux, le masculin et le féminin. Il y en avait un troisième, qui participait des deux autres à la fois, et dont il ne reste plus aujourd'hui que le nom, le genre lui-même ayant disparu. À cette époque, en effet, existait l'androgyne[1], qui, par son apparence comme par son nom, participait des deux autres, le masculin et le féminin. Aujourd'hui, il n'existe plus, et il n'est plus qu'un terme péjoratif.

Par ailleurs, chaque être humain avait la forme générale d'une sphère, avec un dos courbe et des flancs bombés,
190a quatre mains et autant de jambes. Ils avaient deux visages, parfaitement identiques, sur un cou tout rond, et une tête unique posée sur ces deux visages tournés dans des directions opposées. Ils avaient également quatre oreilles, deux organes génitaux, et tout le reste comme on peut l'imaginer à partir de cette description. Ils avançaient, soit debout dans la direction qu'ils voulaient, comme maintenant, soit, quand ils voulaient aller plus vite, en se dépla-

1. Le mot « androgyne » est le résultat du mélange de deux racines grecques : *anèr/andros* signifie « homme », et *gynè* signifie « femme ». L'androgyne est donc un « homme-femme ».

çant comme les acrobates qui font la roue puis ramènent
leurs jambes en position verticale : comme ils avaient à
l'époque huit membres pour prendre appui, ils allaient
b vite en faisant la roue. Voici pourquoi il y avait trois genres
ainsi constitués : au départ le mâle était fils du soleil, la
femelle fille de la terre, et celui qui participait des deux
autres était fils de la lune, parce que la lune participe de
l'un et de l'autre. S'ils avaient une forme et une démarche
rondes, c'est parce qu'ils ressemblaient à leurs parents. Cela
explique aussi leur force et leur vigueur hors du commun,
ainsi que leur immense orgueil. Ils s'attaquèrent aux dieux
et on dit d'eux ce qu'Homère dit d'Éphialte et d'Otos[1] :
c ils ont entrepris d'escalader le ciel avec l'intention de lutter
contre les dieux.

Alors Zeus et les autres dieux délibérèrent pour savoir que
faire ; ils ne voyaient pas de solution. Car ils ne pouvaient ni
les tuer et détruire leur espèce par la foudre, comme ils l'avaient
fait avec les Géants[2] — en faisant cela ils perdraient les
honneurs et les offrandes qu'ils recevaient des hommes —,
ni tolérer leur impudence. Après de difficiles réflexions,
Zeus annonça : « Je crois avoir un moyen de conserver les
hommes sans leurs désordres, c'est de les rendre plus faibles :
d je vais diviser en deux chacun d'eux, et ainsi ils seront à la
fois plus faibles et plus lucratifs pour nous puisqu'ils seront
plus nombreux. Ils avanceront debout sur deux jambes.
S'ils montrent encore des velléités d'impudence et refu-
sent de rester tranquilles, je les diviserai à nouveau en deux
et ils avanceront sur une seule jambe, à cloche-pied. » Sur

1. Éphialte et Otos étaient des géants qui avaient décidé de renverser les dieux. Pour monter jusqu'à eux, ils avaient prévu d'empiler le mont Ossa sur le mont Olympe et le mont Pélion sur le mont Ossa (*Odyssée*, XI, 307-320). Mais ils furent foudroyés par Zeus avant d'y parvenir. \ **2.** Éphialte et Otos.

ces paroles, il divisa les hommes en deux, comme on coupe
e les fruits pour les conserver[1], ou comme on coupe les œufs
avec un cheveu[2]. Quand il en divisait un, il ordonnait à Apollon de lui tourner le visage et la moitié du cou du côté de la coupure afin que, en contemplant sa déchirure, l'homme soit plus modeste ; et il lui demandait de guérir le reste. Apollon tournait le visage et tirait la peau tout autour du buste pour la rabattre sur ce que nous appelons maintenant le ventre, comme on fait quand on referme une bourse ; il l'attachait solidement au milieu du ventre en laissant seulement une ouverture, ce que nous appelons
191a le nombril. La plupart des autres plis, il les effaçait, il ajus-
tait la poitrine avec un outil semblable à celui des cordonniers quand ils aplanissent les plis du cuir sur la forme, mais il en laissait quelques-uns, ceux qui entourent le ventre lui-même et le nombril, en souvenir de ce qu'ils avaient subi alors.

Quand donc l'être humain eut été divisé en deux, chacun ressentait le manque de son autre moitié et cherchait à la retrouver. Ils s'embrassaient et s'enlaçaient les uns les autres,
b cherchant à fusionner, et ils mouraient de faim ou d'inac-
tion parce qu'ils ne voulaient rien faire l'un sans l'autre. Quand l'une des moitiés mourait et que l'autre survivait, celle qui restait en cherchait une autre et s'enlaçait à elle, qu'elle rencontrât la moitié d'une femme entière (ce qu'aujourd'hui nous appelons une femme), ou bien celle d'un homme entier. Ainsi, l'espèce s'éteignait. Pris de pitié, Zeus envisage une autre solution et déplace leurs parties génitales sur le devant — car jusque-là ils les avaient sur

1. On conservait les fruits en les faisant sécher. \ **2.** « Couper des œufs avec un cheveu » semble avoir été un proverbe (mentionné par Plutarque dans ses *Moralia*, 77 Ob). Le sens en reste peu clair.

leur face extérieure et pour engendrer ou enfanter ils se
c tournaient non pas les uns vers les autres, mais vers la terre
comme les cigales[1]. Il déplaça donc leurs organes sur le devant et leur permit ainsi d'engendrer les uns dans les autres, du mâle dans la femelle. Voici ce qu'il visait : lors de l'accouplement, si un homme rencontrait une femme, ils se reproduiraient et l'espèce persisterait, tandis que si un homme rencontrait un homme, l'union leur procurerait une satisfaction et ils pourraient se séparer pour retourner à leurs travaux et se préoccuper de leurs besoins
d vitaux. C'est donc de cette époque que date l'amour que
les hommes portent dans leur nature et qui les pousse les uns vers les autres, celui qui recrée l'unité de leur ancienne nature, essayant de faire de deux êtres un seul et de guérir la nature humaine.

Ainsi, chacun de nous est un fragment d'être humain, parce que nous avons été divisés, comme des soles ; l'unité que nous étions a été brisée pour former deux moitiés. Et chacun ne cesse de chercher son autre moitié. Tous les hommes qui sont issus de la division de cet être mixte, qu'on appelait alors l'androgyne, aiment les femmes et ce sont eux qui constituent la majeure partie des hommes adultères ;
e de même, toutes les femmes qui sont issues de cet être
mixte aiment les hommes et constituent la majeure partie des femmes adultères. Quant à celles des femmes qui sont issues de la division d'une femelle, elles ne s'intéressent pas du tout aux hommes. Elles se tournent plutôt vers les femmes et constituent la majeure partie des lesbiennes. Enfin, tous les hommes qui sont issus de la division d'un mâle sont attirés par les hommes et tant qu'ils sont jeunes,

1. C'était l'opinion des Anciens. En réalité, les cigales se reproduisent par union sexuelle.

comme ils sont de petites tranches de mâles, ils aiment les
192a hommes et ils prennent plaisir à être avec eux et à les
enlacer. Ce sont les meilleurs des enfants et des jeunes gens,
car ils ont la nature la plus virile. Évidemment, certains
les trouvent impudiques, mais ils se trompent. Car ce n'est
pas l'impudeur qui les fait agir ainsi, mais c'est leur
hardiesse, leur courage et leur virilité qui les font s'atta-
cher à ce qui leur ressemble. En voici une preuve évidente :
quand ils ont atteint leur maturité, ces hommes-là sont
b les seuls à se diriger vers la politique. Une fois adultes, ils
aiment les jeunes garçons et s'ils se marient et ont des
enfants, ce n'est pas qu'ils suivent leur inclination natu-
relle, mais c'est que la règle les y oblige[1]. S'il ne s'agissait
que d'eux, ils se contenteraient de vivre ensemble en céli-
bataires. Ainsi donc, de façon générale, un homme de ce
type aime les jeunes garçons ou les amants de son âge,
parce qu'il s'attache à ceux qui sont de la même espèce que
lui.

Quand le hasard fait qu'un être humain, qu'il soit homo-
sexuel ou non, rencontre précisément sa moitié, l'affection,
c le désir et l'amour s'abattent sur eux avec une force extra-
ordinaire, ils ne veulent pour ainsi dire plus se séparer l'un
de l'autre, fût-ce pour une fraction de seconde. Et ces gens,
qui passent toute leur vie ensemble, seraient incapables de
dire ce qu'ils attendent l'un de l'autre. Car personne ne
peut imaginer que ce soit le plaisir des sens, et que là soit
la cause de leur bonheur et de leur grand empressement à
d vivre ensemble. Non, il est évident que c'est autre chose
que chacune de leurs âmes recherche, quelque chose qu'elles

1. L'opposition entre nature *(phusis)* et loi ou règles sociales *(nomos)* est un thème très présent dans le monde intellectuel antique. Ici, l'homosexualité masculine est considérée comme un processus naturel auquel s'oppose la nécessité sociale du mariage et de la procréation.

ne peuvent formuler, mais elles savent intuitivement ce qu'elles veulent et elles le font obscurément comprendre. Et si Héphaïstos[1] leur apparaissait avec ses outils à la main, alors qu'ils sont couchés ensemble, et leur demandait : « Hommes, que voulez-vous l'un de l'autre ? » Et si, voyant qu'ils ne savent que répondre, il leur posait la question autrement : « Votre désir n'est-il pas de vous unir le plus possible l'un à l'autre, de telle sorte que vous ne vous quitteriez plus ni le jour ni la nuit ? Si c'est là ce que vous
e désirez, je veux bien vous faire fondre et vous souder l'un à l'autre, de sorte que de deux vous ne ferez plus qu'un et que toute votre vie vous vivrez ensemble, à deux, comme si vous n'étiez qu'un, et après votre mort, là-bas, chez Hadès, au lieu d'être deux vous ne serez qu'un, car vous mourrez ensemble. Voyez si cette idée vous plaît et si ce sort vous satisfait. » Après avoir entendu cela, aucun d'entre eux, nous le savons bien, ne refuserait ni ne manifesterait le moindre autre désir. Il lui semblerait simplement avoir entendu l'expression de ce que d'une certaine façon il avait toujours désiré, être joint et uni à celui qu'il aime, de deux ne faire plus qu'un.

Et cela est dû au fait que notre nature archaïque était telle que je l'ai décrite, et que nous étions un tout ; or c'est le désir et la quête de ce tout que nous appelons l'Amour.
193a Auparavant, comme je le dis, nous étions un, mais maintenant, pour punition de notre crime, nous avons été séparés par le dieu, comme les Arcadiens l'ont été par les Lacédémoniens[2]. Il faut donc craindre, si nous ne nous

1. Héphaïstos est le dieu forgeron. \ **2.** En 385 av. J.-C., selon Xénophon (*Helléniques*, V, 2, 5-7), les Spartiates ont détruit la ville Mantinée en Arcadie, et en ont dispersé les habitants dans quatre lieux différents. Nous sommes face à un anachronisme puisque le banquet est censé avoir eu lieu en 416 av. J.-C.

conduisons pas comme il le faut à l'égard des dieux, d'être à nouveau fendus en deux, et d'avoir à nous promener comme les personnages qu'on voit sculptés de profil sur les bas-reliefs, fendus le long de la ligne du nez, semblables à des moitiés de jetons[1]. C'est pourquoi il faut exhorter tout homme à accomplir tous ses devoirs envers les dieux,
b afin que nous échappions à ce sort et que nous nous approchions plutôt du précédent en prenant l'Amour pour notre chef et notre guide. Que personne ne le contrarie — et c'est le contrarier que de se rendre haïssable auprès des dieux. Si nous nous faisons un ami de ce dieu, si nous nous réconcilions avec lui, nous trouverons et nous rencontrerons les jeunes gens qui nous sont destinés en propre, ce qui arrive à peu de gens aujourd'hui. Et qu'Éryximaque n'aille pas se moquer de ce que je dis en supposant que je
c parle de Pausanias et d'Agathon : ils en font sans doute partie, et tous les deux sont de nature purement masculine. Moi, je parle de tous les hommes et toutes les femmes en général, et je dis que notre espèce pourrait trouver le bonheur si nous parvenions à donner à l'Amour toute sa dimension en rencontrant chacun celui qui nous convient, retournant ainsi à notre nature originelle. Si cet état initial était l'idéal, alors aujourd'hui encore, l'état idéal est forcément celui qui s'en rapproche le plus, c'est-à-dire la rencontre de jeunes gens qui nous correspondent.

d Si nous voulons chanter en l'honneur du dieu auquel nous devons cela, c'est Éros qui, en toute justice, doit recevoir nos chants, lui qui dans le temps présent nous rend tant de si grands services en nous guidant vers ce qui nous

1. Le terme grec ainsi traduit est *lispai* et on ne sait pas exactement à quoi il renvoie. Il s'agit apparemment de jetons qu'on utilisait dans un jeu et qui étaient coupés en deux.

correspond, et qui nous donne les plus grands espoirs pour le futur, en nous promettant, si nous accomplissons nos devoirs envers les dieux, de nous rendre notre nature originelle, de nous guérir, de nous apporter le bonheur et la joie.

Voilà, Éryximaque, ce que je voulais dire sur l'Amour, cela
n'a rien à voir avec ce que tu as dit. N'oublie pas ce que je
t'ai demandé, ne te moque pas de ce que j'ai dit. Voyons
ce que va dire chacun de ceux qui n'ont pas parlé, ou plutôt
e chacun des deux qui n'ont pas parlé, Agathon et Socrate.

ÉRYXIMAQUE. — Je ferai ce que tu veux, répondit Éryximaque, car ton discours m'a plu ; et si je ne savais pas que Socrate et Agathon sont tous deux de grands experts en matière d'amour, je craindrais qu'ils ne trouvent rien à dire tant tu as envisagé de choses diverses. Mais avec eux, je ne suis vraiment pas inquiet.

184a SOCRATE. — Alors Socrate prit la parole :

Toi aussi tu t'es bien défendu dans ce concours, Éryximaque ; mais si tu étais à ma place, en ce moment, ou plutôt à celle qui sera la mienne quand Agathon aura fait son beau discours, tu aurais très peur et tu serais exactement dans le même état que moi en ce moment.

AGATHON. — Tu veux me jeter un sort, Socrate, dit Agathon, pour que je sois désorienté par l'idée que le public attend beaucoup de moi en supposant que je vais faire un beau discours.

SOCRATE. — J'aurais bien mauvaise mémoire, Agathon,
b répondit Socrate, moi qui t'ai vu monter courageusement
et hardiment sur scène avec tes comédiens et regarder en
face un public si nombreux au moment où tu allais leur
présenter ta pièce, sans broncher, si je pensais que tu vas
te laisser troubler par notre présence alors que nous sommes
si peu nombreux.

AGATHON. — Comment, Socrate ? reprit Agathon, tu ne crois quand même pas que je suis à ce point obsédé par le théâtre que j'ignore que, pour peu qu'on ait un peu d'intelligence, le jugement d'une poignée d'hommes avisés est plus à craindre que celui d'une foule d'imbéciles ?

c SOCRATE. — J'aurais bien tort effectivement si je te croyais si peu civilisé, Agathon. Mais je sais que si tu te trouves face à des gens que tu estimes sages, tu feras plus de cas d'eux que de la foule. Non, c'est que j'ai peur que nous n'en fassions pas partie, car nous y étions nous aussi, nous faisions partie de la foule. Mais si tu te trouvais face à d'autres, des sages, tu aurais honte sans doute si tu croyais faire quelque chose de honteux, n'est-ce pas ?

AGATHON. — Oui, dit-il.

SOCRATE. — Tandis que tu n'aurais pas honte devant la foule si tu croyais faire quelque chose de honteux ?

d PHÈDRE. — À ce moment-là, Phèdre prit la parole et dit : Mon cher Agathon, si tu réponds à Socrate, peu lui importera la direction que prendra l'entretien, du moment qu'il a quelqu'un avec qui discuter, surtout si c'est un beau garçon. Pour moi, j'aime beaucoup entendre Socrate parler, mais je dois veiller à l'éloge d'Éros et recueillir un discours de chacun d'entre vous. Quand chacun aura fait son offrande au dieu, vous pourrez discuter.

e AGATHON. — Tu as raison, Phèdre, répondit Agathon, et rien ne m'empêche de parler ; car j'aurai tout le temps de discuter avec Socrate. Avant de commencer mon discours à proprement parler, je voudrais envisager la méthode à employer. Tous ceux qui ont pris la parole jusqu'à présent n'ont pas, me semble-t-il, fait l'éloge du dieu. Ils ont félicité les hommes des biens dont ce dieu est l'origine. Mais ce qu'il est en lui-même pour leur avoir fait ces cadeaux, personne
185a ne l'a évoqué. Il y a une seule méthode valable en matière

d'éloge, quel qu'en soit le sujet, elle consiste à dire la nature de celui dont il est question et des bienfaits dont il est la cause. C'est donc comme cela que nous devons nous aussi louer l'Amour, en exposant d'abord sa nature, puis les présents qu'il nous fait.

Selon moi, de tous les dieux bienheureux, Éros (s'il est permis de le dire sans blesser les autres) est le plus heureux, car il est le plus beau et le meilleur. Voici pourquoi il est le plus beau : d'abord, Phèdre, il est le plus jeune des dieux.
b Et lui-même nous fournit une grande preuve de ce que j'avance en fuyant la vieillesse comme il le fait, la vieillesse dont nous constatons tous la rapidité puisqu'elle vient à nous toujours plus vite qu'on ne le voudrait. L'Amour manifeste pour elle une haine viscérale et ne l'approche même pas de loin. Il est toujours en compagnie des jeunes, il passe son temps avec eux. « Qui se ressemble s'assemble », le proverbe a raison. Je ne suis pas d'accord avec Phèdre — bien que par ailleurs je sois souvent d'accord avec lui — quand il dit qu'Éros est plus vieux que Cronos et Japet[1].
c J'affirme, au contraire, qu'il est le plus jeune des dieux, qu'il est toujours jeune, et que les anciennes histoires entre les dieux, celles que racontent Hésiode et Parménide[2], ne sont pas dues à l'Amour, mais à la Nécessité, si jamais ce qu'ils disent est vrai. Car ils ne se seraient pas mutilés, enfermés les uns les autres, ils ne se seraient pas fait subir toutes ces autres violences, si l'Amour avait été parmi eux ; au contraire, ils auraient vécu dans la paix et l'amitié,

1. Chronos est le père de Zeus. Japet est l'un des titans. Ils sont tous deux fils d'Ouranos (le Ciel) et de Gè (la Terre). Ils appartiennent donc à la génération qui a précédé celle de Zeus ; dire de quelqu'un qu'il est un « Chronos » ou un « Japet », c'est dire qu'il est vieux jeu dans la Grèce antique (*cf.* Aristophane, les *Nuées*, v. 929, 998). \ **2.** Hésiode dans sa *Théogonie*. De Parménide, nous n'avons plus que des fragments dans lesquels on ne trouve rien de ce genre.

comme maintenant, depuis que l'Amour règne sur les dieux.

Donc, il est jeune ; et en plus d'être jeune, il est délicat.
d Mais il lui manque un poète comme Homère pour faire voir sa délicatesse. Car Homère dit d'Até qu'elle est déesse et délicate — en tout cas que ses pieds sont délicats — dans ces vers :

Elle a des pieds délicats ; car elle ne touche pas le sol,
Elle marche sur les têtes des hommes[1].

Il a, me semble-t-il, donné une bonne preuve de sa délicatesse en disant qu'elle ne marche pas sur quelque chose
e de solide, mais sur quelque chose de fragile. Nous userons donc de la même preuve pour montrer la délicatesse de l'Amour : il ne marche pas sur la terre, ni sur les têtes, ce qui n'est pas vraiment tendre, mais il se meut et il vit dans ce qu'il y a de plus tendre au monde ; car c'est dans les cœurs et dans les âmes des dieux et des hommes qu'il établit sa demeure, et encore, pas dans toutes les âmes indistinctement. Il fuit celles qui ont un caractère dur, et s'établit dans celles qui sont douces. Ainsi, puisqu'il ne cesse de toucher, de son pied et de tout son être, les choses les plus tendres des plus tendres, il faut bien qu'il soit d'une extrême délicatesse.

196a Il n'y a donc pas de doute, il est le plus jeune et le plus délicat. Outre cela, son enveloppe est de nature fluide. Car il ne pourrait pas s'insinuer partout, ni entrer puis sortir de toute âme sans qu'on s'en aperçoive, s'il était de nature rigide. Ce qui constitue encore une bonne preuve de l'harmonie et de la fluidité de son enveloppe, c'est cette grâce qu'il possède, de l'aveu de tous, plus que les autres. Car l'absence de grâce et l'amour ont toujours été en guerre.

1. *Iliade*, XIX, 92. Até est la déesse qui cause l'erreur et l'égarement chez les hommes.

La beauté de son teint s'explique par le fait que ce dieu
b vive au milieu des fleurs. L'Amour ne s'établit pas dans ce
qui ne fleurit pas ou qui a perdu sa fleur, que ce soit un
corps, une âme ou toute autre chose. Mais là où on trouve
des fleurs et des parfums, il s'installe et il demeure.

Voilà, sur la beauté du dieu, j'en ai dit assez, même s'il y aurait encore beaucoup à dire. Désormais, c'est de la vertu de l'Amour qu'il me faut parler.

Le point essentiel, c'est que l'Amour ne commet jamais
d'injustice et n'en est jamais victime, ni de la part des
dieux ni de la part des hommes. La violence, en effet, n'a
aucune part dans ce qu'il subit s'il subit quelque chose —
la violence n'atteint pas l'Amour ; elle n'a pas plus de part
c dans ses actes — car tous se soumettent volontairement
au pouvoir de l'Amour en toutes circonstances ; or les
accords qui se font par consentement mutuel sont déclarés
justes par « les lois, reines de la cité[1] ».

En plus de la justice, il a reçu en partage une extrême tempérance. On s'accorde à définir la tempérance comme la capacité à dominer plaisirs et désirs. Or, aucun plaisir n'est plus fort que l'Amour ; si les plaisirs sont inférieurs et vaincus par l'Amour, il les domine, et s'il domine plaisirs et désirs, alors l'Amour doit être considéré comme doué d'une extrême tempérance.

d Pour ce qui est du courage, *Arès lui-même ne peut lutter
contre l'Amour[2]. Car ce n'est pas Arès qui s'empare de
l'Amour, mais l'Amour qui s'empare d'Arès, un amour
pour Aphrodite à ce qu'on raconte. Or celui qui possède
est plus fort que celui qui est possédé. S'il domine le plus

1. Aristote, dans la *Rhétorique* (1406a, 17-23), attribue cette image à Alcidamas, rhéteur, disciple de Gorgias. \ **2.** Vers extrait de *Thyeste* de Sophode, tragédie perdue. Il s'agit en réalité d'Anankè, la Nécessité, et non d'Éros. Arès est le dieu de la guerre.

courageux qui soit, parmi les autres êtres, il doit être le
plus courageux de tous.

J'ai donc évoqué la justice, la tempérance et le courage du
dieu, il me reste à parler de son savoir. Autant que possible,
il faut essayer de ne rien laisser de côté. Et pour commencer,
afin de rendre moi aussi honneur à mon art, comme Éryxi-
e maque l'a fait pour le sien, je dirai que ce dieu est un poète
habile au point de rendre les autres poètes[1]. En effet, tout
homme devient poète, *même s'il n'avait pas la moindre*
complicité avec les Muses auparavant[2], dès que l'Amour le
touche. Cela doit nous servir de preuve que l'Amour est
de façon générale un artiste habile dans toute forme de
création inspirée par les Muses. Car ce qu'on n'a pas ou ne
connaît pas, on ne peut ni le donner ni l'enseigner à un
197a autre. On peut même aller plus loin : dans la création de
tous les êtres vivants, qui n'accordera pas que l'Amour
possède le don de faire naître et grandir tout ce qui vit ?
Et pour ce qui est de la pratique des arts, ne savons-nous
pas que celui dont ce dieu a été le maître connaît la gloire
et le succès, alors que celui que l'Amour n'a pas touché,
reste dans l'ombre ? Le tir à l'arc, la médecine, la divina-
tion[3], Apollon les a inventés sous l'emprise du désir et de
b l'amour, si bien que lui aussi est un disciple de l'Amour ;
et il en est de même des Muses pour l'art qui leur corres-
pond, d'Héphaïstos pour l'art de la forge, d'Athéna[4] pour
le tissage, et de Zeus pour le gouvernement des dieux et

1. Il faut ici entendre le mot « poètes » au sens large ; il désigne toute forme d'artistes. \ **2.** Vers extrait de la *Sthénébée* d'Euripide, pièce elle aussi perdue. \ **3.** Apollon a fondé le premier oracle (*cf. Hymne à Apollon*, 214). Il peut donner des conseils aux humains par le biais des prophéties. Il est également le dieu-archer, à partir de l'*Iliade*, et il est parfois considéré comme un guérisseur. \ **4.** Hésiode, dans *Les Travaux et les Jours* (63), fait du tissage une des attributions d'Athéna.

des hommes. C'est ainsi que se sont résolues les querelles entre les dieux, par l'apparition de l'Amour, l'amour de la beauté évidemment (car l'amour ne s'attache pas à la laideur). Mais avant cela, comme je l'ai dit au début, beaucoup de choses terribles se passaient chez les dieux, à ce qu'on raconte, car c'était le règne de la Nécessité. Et quand ce dieu est né, l'amour des belles choses a été à l'origine de nombreux bienfaits, aussi bien pour les dieux que pour les hommes.

c C'est pourquoi, Phèdre, je crois que l'Amour, qui possède lui-même, avant tous, la beauté et l'excellence à leur plus haut degré, est à l'origine de ces vertus chez les autres. Il me vient l'inspiration de le dire en vers, c'est lui qui permet

La paix chez les hommes, le calme sur la mer,
Le silence des vents qui se couchent, le sommeil du souci[1].

d Il nous vide de notre hostilité, nous emplit d'amitié, il rend possibles toutes les réunions comme la nôtre, il nous guide dans les fêtes, les chœurs, les sacrifices, nous apporte la douceur, et nous protège de la sauvagerie ; il est généreux en bienveillance, avare en malveillance ; propice aux bons ; contemplé par les sages, admiré des dieux ; envié par ceux qui ne le possèdent pas, précieux pour ceux qui le possèdent ; père du Luxe, de la Délicatesse, de la Volupté, des Grâces, de la Passion, du Désir ; préoccupé des bons, sans souci des mauvais ; dans la peine, dans la peur, dans le désir, dans le discours, il est aux commandes, prêt au
e combat ; il nous soutient et nous protège plus que tous ; il est la gloire de tous les dieux et de tous les hommes ; il est le plus beau et le meilleur des chefs, celui que tout homme

1. Nous ne savons pas de qui sont ces vers. Peut-être sont-ils censés être d'Agathon lui-même.

doit suivre en le célébrant par de beaux hymnes, participant ainsi au chant dont il charme les esprits de tous les dieux et de tous les hommes.

Voilà, Phèdre, mon discours : qu'il soit consacré au dieu. J'y ai mêlé le jeu au sérieux aussi bien que j'ai pu.

198a ARISTODÈME. — Quand Agathon eut fini de parler, tous les convives se mirent à s'exclamer, admirant la façon dont il avait réussi à faire un discours digne de lui comme du dieu. Alors, Socrate se tourna vers Éryximaque et prit la parole :

SOCRATE. — Eh bien ! crois-tu, fils d'Acoumène, que tout à l'heure j'ai eu peur sans raison, ou bien que j'ai fait preuve de talents divinatoires en disant qu'Agathon parlerait admirablement, et que je ne saurais plus quoi dire ?

ÉRYXIMAQUE. — Je suis d'accord avec la première partie de ta phrase, répondit Éryximaque, tu as fait preuve de talents divinatoires en disant qu'Agathon parlerait bien, mais que tu ne saches pas quoi dire, je ne le crois pas.

b SOCRATE. — Et comment, bienheureux, reprit Socrate, ne serais-je pas dans l'embarras, moi ou toute autre personne qui devrait parler après un discours si beau et si varié ? Tout n'y est pas aussi admirable, mais à la fin, qui ne serait frappé par la beauté des mots et des phrases en l'entendant ? Quant à moi, conscient de mon incapacité à rien dire qui ne fasse même qu'approcher la beauté de son
c discours, pour un peu je me serais enfui de honte, si j'avais pu. Car ce discours m'a fait penser à Gorgias, au point que j'ai vraiment éprouvé ce que décrit Homère[1] : j'avais peur qu'à la fin Agathon n'envoie sur mon discours la tête de Gorgias, ce monstre de l'éloquence, et m'enlève la voix en

1. Socrate joue sur les mots, en associant le nom du célèbre sophiste Gorgias – qui avait été le maître d'Agathon – à celui de la Gorgone (*cf.* Thèmes et problématiques, p. 123). Dans l'*Odyssée* (II, 634), Ulysse craint que Perséphone ne le change en pierre en lui envoyant la Gorgone.

me changeant en pierre. Puis, j'ai compris que j'étais ridicule d'accepter de faire à mon tour l'éloge de l'Amour
d devant vous, et de dire que j'étais expert en matière d'amour, alors que je ne savais rien de la façon dont il faut faire un éloge, quel qu'en soit l'objet. Car je croyais, bête comme je le suis, qu'il fallait dire la vérité sur chaque chose dont on fait l'éloge, que c'était le fondement de l'éloge ; et qu'ensuite, parmi ces éléments vrais, on choisissait les plus beaux pour les arranger le mieux possible. Et bien sûr j'étais tout fier de penser que j'allais faire un beau discours puisque je connaissais la véritable méthode pour faire un éloge, quel qu'en soit l'objet. Mais, apparemment, ce n'était pas la bonne façon de faire un éloge : il faut plutôt doter l'objet
e des qualités les plus hautes et les plus belles possibles, qu'il les possède en réalité ou non ; même si c'est faux, ce n'est pas un problème. Il semble que nous ayons établi, par un accord tacite, que chacun d'entre nous aurait l'air de faire l'éloge de l'Amour, mais qu'il ne le ferait pas vraiment. C'est pour cela, je pense, que vous remuez ciel et terre dans vos discours pour attribuer toutes les qualités à l'Amour, que vous le décrivez de telle façon et faites de lui l'auteur
199a de tant de bienfaits qu'il apparaît comme le plus beau et le meilleur — pour ceux qui ne le connaissent pas, évidemment, pas pour ceux qui savent qui il est. Et sans doute, cet éloge est beau et majestueux. Mais moi, bien sûr, je ne connaissais pas cette manière de faire un éloge. Et comme je ne savais pas, j'ai accepté de participer à cette succession d'éloges quand mon tour viendrait. *Ma langue l'a promis, mais non mon esprit*[1]. Tant pis pour ma promesse ! Je ne fais pas un autre éloge de cette façon, je ne pourrais pas. Cependant, à condition de ne rien dire d'autre que la

1. Vers extrait de l'*Hippolyte* d'Euripide.

b vérité, je veux bien parler si vous voulez, à ma façon et sans rivaliser avec vos discours, pour ne pas m'exposer au ridicule. Vois, Phèdre, si tu as encore besoin d'un discours comme celui-là, qui fasse entendre la vérité sur l'Amour en utilisant les mots et les constructions qui viennent, au hasard.

ARISTODÈME. — Phèdre et les autres lui demandèrent de parler, comme il pensait qu'il fallait le faire.

SOCRATE. — Laisse-moi encore, Phèdre, dit Socrate, poser quelques petites questions à Agathon, pour que nous soyons
c bien d'accord tous les deux avant que je parle.

PHÈDRE. — Mais je t'en prie, répondit Phèdre, interroge-le.

SOCRATE. — Alors Socrate commença à peu près ainsi : Vraiment, Agathon, j'ai trouvé que ton discours commençait très bien, quand tu disais qu'il fallait d'abord montrer qui était l'Amour, puis comment il se comportait. J'aime beaucoup ce début. Mais pour approfondir la question de l'Amour, maintenant que tu as dit toutes ces belles et
d magnifiques choses sur sa nature, dis-moi un peu : « Est-ce que l'Amour, par nature, est amour de quelque chose, ou de rien ? » Je ne te demande pas s'il est amour d'une mère ou d'un père, car il serait ridicule de se demander si l'Amour est amour d'une mère ou d'un père. Mais si, à propos du Père en soi, je te demandais : « Est-ce que le Père est père de quelqu'un ou non ? », tu me répondrais sans doute, si tu consentais à répondre sincèrement, que le Père est père d'un fils ou d'une fille, n'est-ce pas ?

AGATHON. — Oui, bien sûr, répondit Agathon.

SOCRATE. — Et pour la Mère, tu dirais la même chose, n'est-ce pas ?

ARISTODÈME. — Agathon acquiesça encore une fois.

e SOCRATE. — Réponds encore à quelques questions supplémentaires, dit Socrate, pour mieux comprendre ce que je veux ; si je te demandais : « Voyons, le Frère, en lui-même, est-il frère de quelqu'un ou non ? »

ARISTODÈME. — Agathon répondit qu'il l'était.

SOCRATE. — Il est donc frère d'un frère ou d'une sœur ?

ARISTODÈME. — Il acquiesça.

SOCRATE. — Alors essaie d'appliquer la même question à l'Amour : l'Amour est-il amour de rien ou de quelque chose ?

AGATHON. — De quelque chose évidemment.

200a SOCRATE. — Bon, dit Socrate, retiens-le, garde bien en mémoire ce dont il est amour. Mais dis-moi encore, ce dont il est amour, est-ce que l'Amour le désire ou non ?

AGATHON. — Il le désire, bien sûr, répondit-il.

SOCRATE. — Est-ce quand il possède ce qu'il désire et aime, qu'il le désire et l'aime, ou quand il en est privé ?

AGATHON. — Quand il en est privé, selon toute vraisemblance.

SOCRATE. — Examine donc, dit Socrate, s'il est seulement vraisemblable et non plutôt nécessaire que l'on désire ce qui nous manque et que l'on ne désire pas ce qui ne nous
b manque pas. Pour moi, cher Agathon, c'est incroyable comme cela me semble nécessaire, et toi, qu'en penses-tu ?

AGATHON. — Je suis du même avis.

SOCRATE. — Tu as raison. Est-ce qu'on veut être grand quand on est grand ? ou fort quand on est fort ?

AGATHON. — C'est impossible, d'après ce que nous avons admis ensemble.

SOCRATE. — On ne peut ressentir le manque de ces qualités quand on les a.

AGATHON. — C'est juste.

SOCRATE. — Si, en effet, on voulait être fort quand on est fort, reprit Socrate, rapide quand on est rapide, en bonne
c santé quand on est en bonne santé... Car on peut imaginer

que quelqu'un pense de telles choses possibles, que ceux qui sont faits d'une certaine façon et possèdent certaines qualités désirent précisément ce qu'ils possèdent — c'est pour éviter cette erreur que je dis cela —, donc si tu prends le cas de ces gens-là, il est nécessaire qu'ils possèdent chacune des choses qu'ils possèdent au moment présent, ils n'ont pas le choix ; vraiment, qui pourrait désirer précisément ce qu'il a ? Pourtant, si quelqu'un nous disait : « Moi qui suis en bonne santé, je veux aussi être en bonne santé ; et moi qui suis riche, je veux aussi être riche ; et je désire cela même que je possède déjà », nous pourrions lui
d répondre : « Toi qui as la richesse, la santé et la force, tu veux les posséder encore plus tard car dans le moment présent, tu n'as pas le choix, tu les possèdes ; ainsi, quand tu dis que tu désires ce que tu as déjà, est-ce que tu ne veux pas plutôt dire que ce que tu possèdes pour le moment, tu voudrais le conserver dans l'avenir ? » et il nous l'accorderait sans doute, n'est-ce pas ?

ARISTODÈME. — Agathon dit qu'il était d'accord et Socrate poursuivit :

SOCRATE. — Donc, aimer quelque chose dont on ne dispose pas encore ou qu'on ne possède pas, n'est-ce pas finalement désirer conserver et posséder ces choses dans l'avenir ?

e AGATHON. — Si, tout à fait.

SOCRATE. — Et donc lui, ou quiconque désire, désire ce dont il ne dispose pas et qui ne lui est pas présent, et ce qu'il n'a pas, ce qu'il n'est pas lui-même, ce dont il manque, c'est cela qu'il désire et qu'il aime.

AGATHON. — Absolument.

SOCRATE. — Bon, dit Socrate, résumons ce que nous avons admis jusqu'à présent. L'Amour, n'est-ce pas, est tout d'abord amour de quelque chose, et puis il est amour de ce dont on ressent un manque.

201a AGATHON. — Oui.

SOCRATE. — En outre, souviens-toi de ce dont tu as dit dans ton discours qu'il était l'amour. Si tu veux bien, je vais le rappeler : tu disais à peu près, je crois, que les conflits entre les dieux ont été résolus grâce à l'amour du beau, car l'amour du laid n'existe pas. Est-ce bien ça ?

AGATHON. — C'est ce que j'ai dit, répondit Agathon.

SOCRATE. — Et tu avais raison de le dire, mon ami, dit Socrate ; donc, s'il en est ainsi, l'Amour ne peut être qu'amour de la beauté et non amour de la laideur, n'est-ce pas ?

ARISTODÈME. — Agathon acquiesça.

SOCRATE. — Or, nous avons bien admis que c'est ce dont il manque et ce qu'il n'a pas qu'il aime.

b AGATHON. — Oui.

SOCRATE. — Eh bien ? Ce à quoi la beauté manque et qui ne possède aucune beauté, l'appelles-tu beau, toi ?

AGATHON. — Non, bien sûr.

SOCRATE. — Alors penses-tu toujours que l'Amour est beau, s'il en est ainsi ?

AGATHON. — Agathon répondit :

Je crains, Socrate, d'avoir parlé sans savoir.

SOCRATE. — Tu n'en as pas moins fait un beau discours,
c Agathon, dit Socrate. Mais dis-moi encore une petite chose : ne penses-tu pas que ce qui est bon est aussi beau ?

AGATHON. — Si.

SOCRATE. — Alors, si l'Amour est dépourvu de beauté, et que ce qui est bon est beau, il doit aussi être dépourvu de ce qui est bon.

AGATHON. — Je ne saurais te contredire, Socrate ; alors disons que ce que tu dis est vrai.

SOCRATE. — C'est la vérité, mon cher Agathon, que tu es incapable de contredire, parce que contredire Socrate, ce n'est pas difficile.

d Allez, je vais te laisser tranquille, maintenant. C'est le discours sur l'Amour que j'ai entendu un jour de la bouche d'une femme de Mantinée, Diotime[1], qui était savante en cette matière et en beaucoup d'autres — c'est elle qui a repoussé la peste pendant dix ans en faisant faire aux Athéniens des sacrifices contre le fléau ; et c'est elle précisément qui m'a enseigné les choses de l'Amour... C'est donc le discours que cette femme a prononcé que je vais essayer de vous rapporter, en partant des principes que nous avons admis ensemble, Agathon et moi, et je vais le faire tout seul comme je le pourrai. Il faut, Agathon, comme tu l'as dit, commencer par expliquer qui est l'Amour et quelle est sa nature, avant de parler de la façon dont il agit.
e Le plus simple, me semble-t-il, c'est de vous rapporter le dialogue en suivant l'ordre que l'étrangère avait choisi pour conduire notre entretien. Car je lui disais à peu près ce qu'Agathon me disait tout à l'heure, que l'Amour était un grand dieu, qu'il était amour du beau ; et elle me démontrait, en utilisant les arguments dont j'ai usé avec lui, qu'il n'était ni beau comme je l'avais dit, ni bon.

Je lui dis alors : Qu'est-ce que tu dis, Diotime ? Est-ce qu'Éros est laid et mauvais ?

Et elle me répondit :

DIOTIME. — Vas-tu cesser de blasphémer ? Crois-tu que ce qui n'est pas beau est forcément laid ?

202a SOCRATE. — Absolument.

DIOTIME. — Et ce qui n'est pas savant, ignorant ? Est-ce que tu n'as pas compris qu'il y a un niveau intermédiaire entre le savoir et l'ignorance ?

SOCRATE. — Lequel ?

1. *Cf.* Thèmes et problématiques, « Le discours de Diotime », p. 122.

DIOTIME. — Avoir une opinion juste sans pouvoir en rendre compte, ne sais-tu pas que ce n'est ni savoir (car une chose dont on ne peut rendre compte ne saurait être de l'ordre de la science), ni ignorer (car quand on touche au vrai par hasard, on ne saurait être dans l'ignorance) ? L'opinion droite est bien un niveau intermédiaire entre le savoir et l'ignorance.

SOCRATE. — C'est vrai, dis-je.

DIOTIME. — Ne vois donc pas forcément la laideur là où il
n'y a pas de beauté, ni le mauvais là où il n'y a pas de bon.
b Il en est ainsi de l'Amour : si tu accordes toi-même qu'il n'est ni bon ni beau, ne pense pas pour autant qu'il est forcément laid et mauvais ; il est quelque chose d'intermédiaire entre les deux, dit-elle.

SOCRATE. — Pourtant, dis-je, tout le monde s'accorde à dire que c'est un grand dieu.

DIOTIME. — Est-ce que quand tu dis « tout le monde », tu veux parler des ignorants, ou aussi de ceux qui s'y connaissent ?

SOCRATE. — Tous.

Elle se mit à rire :

DIOTIME. — Et comment pourrait-il être considéré comme
c un grand dieu par ceux-là mêmes qui affirment qu'il n'est même pas un dieu ?

SOCRATE. — Mais qui donc ? demandai-je.

DIOTIME. — Toi, dit-elle, ça fait un ; et moi, deux.

SOCRATE. — Qu'est-ce que tu veux dire ?

DIOTIME. — C'est simple, dit-elle ; voyons : n'affirmes-tu pas que tous les dieux sont heureux et beaux ? ou oserais-tu affirmer qu'un des dieux n'est pas beau et heureux ?

SOCRATE. — Oh non, par Zeus ! répondis-je.

DIOTIME. — Or ceux que tu appelles heureux ne sont-ils pas
d ceux qui possèdent les choses belles et bonnes ?

Socrate. — Si, tout à fait.

Diotime. — Or as-tu bien admis que c'était parce qu'il manquait du beau et du bon que l'Amour désirait cela même dont il était privé ?

Socrate. — Oui, je l'ai admis.

Diotime. — Comment pourrait-il donc être un dieu, s'il n'est pas pourvu de ce qui est beau et bon ?

Socrate. — Cela paraît impossible.

Diotime. — Tu vois donc, dit-elle, que toi-même, tu ne considères pas l'Amour comme un dieu.

Socrate. — Mais alors, que peut-il donc être ? un mortel ?

Diotime. — Pas du tout.

Socrate. — Alors quoi ?

Diotime. — Comme dans les cas précédents, dit-elle, un intermédiaire entre mortel et immortel.

Socrate. — Qu'est-ce que tu veux dire, Diotime ?

e Diotime. — C'est un grand démon, Socrate ; en effet, tout ce qui est de la nature du démon est intermédiaire entre dieu et mortel.

Socrate. — Et quel pouvoir un démon a-t-il ? demandai-je.

Diotime. — Il traduit et transmet aux dieux les messages des hommes et aux hommes les messages des dieux, les prières et les sacrifices pour les uns, les ordres et les dons en retour des sacrifices pour les autres ; comme il est entre les deux, il remplit l'intervalle de façon à lier ensemble les parties du monde. C'est par lui que passent tout l'art divinatoire et tout l'art des prêtres aussi bien pour les sacrifices que pour les initiations, les chants de prière, et tout
203a ce qui est lié à la divination ou à la sorcellerie. Il n'y a pas de contact entre homme et dieu, mais grâce à lui les dieux peuvent entrer en rapport et communiquer avec les hommes, pendant leur veille ou leur sommeil. L'homme qui s'y connaît en ces matières est un être démonique,

tandis que celui qui s'y connaît dans n'importe quel autre domaine — art ou activité manuelle — n'est qu'un ouvrier. Ces démons sont nombreux et variés : l'Amour est l'un d'entre eux.

SOCRATE. — Qui a-t-il pour père et pour mère ? demandai-je.

b DIOTIME. — C'est assez long à raconter, dit-elle, mais je vais
te le dire. Lorsque Aphrodite[1] naquit, les dieux organisè-
rent un banquet, et parmi eux, le fils de Mètis[2], Poros[3].
Après le repas, Pénia[4], qui espérait profiter des reliefs du
festin, arriva pour mendier et se mit près de la porte, à
l'écart[5]. Poros, enivré par le nectar (car il n'y avait pas
encore de vin), se rendit dans le jardin de Zeus et, alourdi
par ce repas arrosé, s'endormit. Alors Pénia, que sa pauvreté
rendait désireuse d'avoir un enfant de Poros[6], s'allongea
c près de lui et conçut l'Amour[7]. C'est ainsi que l'Amour
est devenu le compagnon et le serviteur d'Aphrodite : il a
été engendré le jour des fêtes en l'honneur de sa naissance
et il est par nature amoureux du beau — or Aphrodite est
belle.

Le fait qu'il soit fils de Poros et Pénia a des conséquences
sur la nature de l'Amour : d'abord il est toujours pauvre,
et il est loin d'être doux et beau, comme le pensent la
d plupart des gens. Au contraire, il est dur, rude, sans chaus-

1. Il s'agit ici de l'Aphrodite fille de Zeus et de Dionè. \ **2.** Mètis (la Ruse) était la première femme de Zeus. \ **3.** *Poros* signifie d'abord le passage, mais ici il prend son deuxième sans, figuré, d'expédient, ressource. Il appartient à la même famille sémantique que l'aporie, *cf.* Thèmes et problématiques, p. 123 et Glossaire, p. 141. \ **4.** Pénia est la Pauvreté. \ **5.** Il était habituel que les mendiants viennent à la fin des repos de fête et se tiennent près de la porte en espérant que les convives, dans leur liesse, leur donnent les restes. \ **6.** *Cf.* Thèmes et problématiques, « Le discours de Diotime », p. 122. \ **7.** C'est-à-dire Éros.

sures, sans domicile, il dort toujours par terre sans couver-
ture, et il se couche à la belle étoile devant les portes ou
sur les chemins, parce qu'il tient de sa mère[1] et que le
besoin ne le lâche jamais. En revanche, par son côté paternel,
il guette ce qui est beau et bon, il est courageux, résolu,
ardent, habile chasseur, toujours en train d'imaginer quelque
ruse, avide de science, plein de ressources, passant sa vie à
philosopher, habile sorcier, magicien et sophiste. Par nature,
e il n'est ni mortel ni immortel ; mais dans la même journée,
tantôt il fleurit et il vit, tantôt il meurt ; puis à l'inverse,
il revit quand il trouve en lui les ressources qu'il doit à son
ascendance paternelle. Mais ces ressources lui échappent
sans cesse, si bien que l'Amour n'est jamais ni pauvre ni
riche.

D'autre part, il est à mi-chemin entre le savoir et l'igno-
204a rance, car voici ce qui se passe : aucun des dieux ne philo-
sophe ni ne désire devenir savant (car ils le sont déjà), de
même que quiconque est savant ne philosophe pas. À l'in-
verse, les ignorants ne philosophent pas et ne désirent pas
devenir savants. C'est justement cela qui est pénible dans
l'ignorance : on n'est ni beau, ni bon, ni intelligent, et on
croit l'être assez ; or, quand on ignore qu'on manque de
quelque chose, on ne désire pas ce dont on ignore être
dépourvu[2].

SOCRATE. — Mais alors qui sont ceux qui philosophent, Diotime, si ce ne sont ni les savants ni les ignorants ?

b DIOTIME. — Même un enfant le verrait avec évidence,
répondit-elle, ce sont ceux qui sont intermédiaires entre
les deux, et l'Amour fait partie de ces êtres-là. En effet, la

1. C'est-à-dire Pénia, la Pauvreté. \ **2.** Ce passage (204a-204b) développe une conception décisive de la philosophie. Le philosophe n'est ni le savant ni l'ignorant, mais celui qui aspire au savoir. *Cf.* Thèmes et problématiques, p. 123 et Glossaire : Philosophie, p. 145.

science fait partie des plus belles choses qui soient, et l'Amour est amour de ce qui est beau, donc nécessairement l'Amour est philosophe, et comme il est philosophe, il est intermédiaire entre la science et l'ignorance. Une fois encore, cette situation s'explique par sa naissance : il est né d'un père savant et plein de ressources, et d'une mère dépourvue de savoir et de ressources. Voilà, Socrate, la nature de ce démon. Mais tu n'es pas le seul à t'être forgé l'idée de l'amour que tu avais auparavant, et il n'y a là rien
c d'étonnant. Tu pensais, d'après ce que j'ai pu comprendre à partir de ce que tu me disais, que l'Amour était l'objet aimé et non l'amant[1]. C'est pour cela, à mon avis, que l'Amour te paraissait si beau. Car c'est ce qui est aimé qui est vraiment beau, délicat, parfait et bienheureux ; mais la nature de ce qui aime est totalement différente, comme je viens de te l'exposer.

SOCRATE. — Je demandai alors :

Soit, étrangère, tu as raison. Mais si telle est la nature de l'Amour, à quoi sert-il aux hommes ?

d DIOTIME. — C'est justement, Socrate, ce que je vais maintenant essayer de t'enseigner, dit-elle. Donc, voilà la nature et l'origine de l'Amour ; et il est amour des belles choses, comme tu le dis toi-même. Mais si on nous demandait : « Qu'est-ce que l'amour des belles choses, Socrate et Diotime ? », ou plus clairement : « Celui qui aime, aime les belles choses ; mais alors qu'est-ce qu'il aime ? »

---

1. Platon distingue ici l'*erôn* (amant) de l'*eromenos* (aimé), distinction qui recouvre celle précédemment faite entre *erastês* (amant) et *paidika* (bien-aimé). Dans la relation homosexuelle en Grèce, les deux partenaires n'ont pas le même statut. L'un des deux est plus âgé – c'est l'amant (*erôn* ou *erastês*) – et l'autre est plus jeune – c'est l'aimé (*eromenos* ou *paidika*). L'amant est le partenaire actif, il est celui qui désire, qui est animé par l'amour *(erôs)*, tandis que l'aimé est passif et reçoit l'amour de son partenaire auquel il répond par un « contre-amour » (*cf. Phèdre*, 249d), qu'il prend souvent pour une *philia* (amitié).

SOCRATE. — Alors je répondis : qu'elles lui appartiennent.

DIOTIME. — Ta réponse, dit-elle, appelle une autre question : « Qu'arrivera-t-il à celui qui possédera les belles choses ? »

SOCRATE. — Je dis que je n'avais absolument rien à répondre à cette question.

e DIOTIME. — Eh bien ! dit-elle, c'est comme si au lieu de dire « beau » on disait « bon » et qu'on te demandait : « Dis-moi, Socrate, quand quelqu'un aime les bonnes choses, qu'est-ce qu'il aime ? »

SOCRATE. — Qu'elles lui appartiennent, dis-je.

DIOTIME. — Et qu'arrivera-t-il à celui qui possédera les bonnes choses ?

SOCRATE. — Là, j'ai plus de facilité à répondre, dis-je ; il sera heureux.

205a DIOTIME. — En effet, c'est la possession des bonnes choses qui rend heureux les gens heureux et il n'est plus nécessaire de demander : « Pourquoi veut-on être heureux ? » ; je crois que nous avons trouvé la réponse finale.

SOCRATE. — C'est vrai, dis-je.

DIOTIME. — Mais cette volonté et cet amour, crois-tu qu'ils sont communs à tous les hommes et que tous veulent posséder les bonnes choses pour toujours, qu'en penses-tu ?

SOCRATE. — Oui, répondis-je, je pense qu'ils sont communs à tous.

DIOTIME. — Mais alors, Socrate, pourquoi ne disons-nous
b pas de tous qu'ils aiment, si justement ils aiment tous les mêmes choses ? Pourquoi disons-nous au contraire que certains aiment et d'autres non ?

SOCRATE. — Cela m'étonne aussi, dis-je.

DIOTIME. — Pourtant tu ne dois pas t'en étonner, poursuivit-elle. Car c'est une forme isolée d'amour que nous appelons amour en lui donnant le nom qui correspond en réalité à l'ensemble ; et pour les autres formes, nous employons des termes différents.

SOCRATE. — Comme quoi ? demandai-je.

DIOTIME. — Voici un exemple : tu sais que la poésie[1] est quelque chose de multiple. En effet, ce qui permet le passage du non-être à l'être, quels qu'en soient les moyens,
c c'est la poésie, si bien que tous les travaux réalisés dans les différents arts sont des poésies, et tous leurs artisans des poètes.

SOCRATE. — C'est vrai.

DIOTIME. — Pourtant, comme tu le sais, poursuivit-elle, on ne les appelle pas des poètes, ils portent d'autres noms. De la poésie dans son ensemble[2], on a isolé une unique partie, celle qui contient la musique et la poésie[3], et on l'appelle du nom de l'ensemble. Il n'y a que ces deux arts qu'on appelle poésie, et seuls ceux qui s'occupent de cette partie de la création s'appellent des poètes.

SOCRATE. — C'est vrai, dis-je.

d DIOTIME. — Et il en est de même pour l'Amour. En général, tout ce qui est désir du bon et du bonheur, c'est ce que tout le monde considère comme le rusé et puissant Amour. Mais on peut se livrer à l'amour de façons très diverses : certains sont avides d'argent, d'exercices physiques ou de savoir — cependant on n'appelle pas cela aimer, et on ne les considère pas comme des amants ; d'autres, alors qu'ils pratiquent et recherchent une forme d'amour parmi

1. Le mot *poiêsis* en grec signifie « création » en général. Diotime montre que ce terme générique n'est en réalité utilisé qu'avec un sens très restreint, celui que nous utilisons en français : au lieu de désigner la création en général, le mot *poiêsis* tend à n'être utilisé que pour désigner ce que nous appelons la poésie ou la musique. Il en est de même pour le mot *poiêtês*, qui signifie créateur en général, et qui tend à ne désigner que le poète ou le musicien. \ **2.** C'est-à-dire l'ensemble de la création, aussi bien artisanale qu'artistique. \ **3.** Ici, il faut entendre « poésie » dans son sens français.

d'autres, s'approprient les termes génériques, amour, aimer
et amants.

SOCRATE. — J'ai bien peur que tu dises vrai, répondis-je.

DIOTIME. — On dit d'ailleurs parfois qu'aimer, c'est recher-
e cher une moitié de soi-même. Mais, pour moi, aimer, ce
n'est pas plus rechercher la moitié d'un être qu'un être tout
entier, si cet être n'est pas bon d'une façon ou d'une autre,
car les hommes peuvent aller jusqu'à se faire couper les
mains et les pieds, s'ils considèrent que ces parties de leur
corps sont mauvaises[1]. Je ne crois pas qu'on aime une chose
parce qu'elle nous appartient, à moins qu'on ne considère
comme bon ce qui nous est propre, et mauvais ce qui nous
est étranger. Car c'est ce qui est bon que les hommes aiment,
206a et rien d'autre. Est-ce que tu es d'accord ?

SOCRATE. — Oui, bien sûr, répondis-je.

DIOTIME. — Donc, continua-t-elle, peut-on dire simplement que les hommes aiment ce qui est bon ?

SOCRATE. — Oui, dis-je.

DIOTIME. — Mais quoi ? Ne faut-il pas ajouter qu'ils aiment aussi que ce qui est bon leur appartienne ?

SOCRATE. — Si, dis-je.

DIOTIME. — Et non seulement que cela leur appartienne, mais que cela leur appartienne pour toujours ?

SOCRATE. — Cela aussi, il faut l'ajouter.

DIOTIME. — Bref, dit-elle, l'amour est donc le désir de posséder ce qui est bon pour toujours.

SOCRATE. — C'est tout à fait ça, répondis-je.

b DIOTIME. — Si donc on est certain que l'Amour est toujours
cela, dit-elle, chez ceux qui recherchent ce qui est bon, ce
qu'on appelle amour, c'est leur empressement et leur élan

1. Il y a ici une allusion (et une critique voilée) au discours d'Aristophane (191d-193d).

dans cette recherche, mais quelle forme prennent-ils et à quel type d'activité s'appliquent-ils ? Comment peut-on caractériser cet acte ? Peux-tu me le dire ?

SOCRATE. — Voyons, Diotime, je n'admirerais pas ton savoir, et je ne chercherais pas ta compagnie, si je le savais, répondis-je.

DIOTIME. — Alors je vais te le dire, reprit-elle. C'est un enfantement dans la beauté, par le corps et par l'esprit.

SOCRATE. — Il faut être devin, dis-je, pour comprendre ce que tu dis, et je ne te suis pas.

c DIOTIME. — Alors, dit-elle, je vais m'exprimer avec plus de clarté. Tous les hommes, Socrate, ont la capacité d'enfanter à la fois par le corps et par l'esprit, et à partir d'un certain âge, il nous vient un désir naturel d'engendrer. Or, notre nature ne peut engendrer dans la laideur ; elle ne le peut que dans la beauté. L'union de l'homme et de la femme est un enfantement, et cet acte est divin ; c'est ce qui est immortel dans l'être mortel : la maternité et la procréation. Or, elles ne peuvent avoir lieu en l'absence d'har-
d monie. Et il n'y a aucune harmonie entre le laid et tout ce qui est divin, tandis que le beau est en harmonie avec lui. La Beauté est la Parque[1] et l'Ilithyie[2] de la procréation. C'est pour cela que quand il s'approche du beau, l'être prêt à enfanter se sent bien, et de joie il se dilate, il enfante et il donne naissance ; au contraire, quand il s'approche du laid, il devient sombre et triste, il se contracte, se détourne, se replie sur soi et il n'enfante pas ; il garde en lui son fœtus et il se sent très mal. C'est pour cela que l'être capable d'enfanter et déjà gonflé de sève sent monter en lui une
e passion pour le beau, car sa possession libère d'une grande

1. Les trois Parques sont les déesses de la mort, mais elles sont aussi les déesses de la naissance. On considérait qu'elles étaient présentes lors des accouchements. \ **2.** Déesse de la maternité et de la fécondité.

souffrance. En effet, Socrate, dit-elle, l'Amour n'est pas amour du beau, comme tu le crois.

Socrate. — Mais alors de quoi ? demandai-je.

Diotime. — De la procréation et de l'enfantement dans la beauté.

Socrate. — Soit, dis-je.

Diotime. — Oui, vraiment, reprit-elle. Et pourquoi de la procréation ? Parce que pour un mortel, la procréation est
207a ce qui est éternel et immortel. Or, d'après ce que nous avons admis précédemment, le désir d'immortalité accompagne forcément le désir de ce qui est bon, si l'amour consiste bien dans le désir de posséder ce qui est bon pour toujours. Il paraît donc nécessaire de conclure que l'amour est aussi désir d'immortalité.

Socrate. — Elle m'enseignait tout cela à propos des choses de l'amour, et un jour elle me demanda :

Diotime. — À ton avis, quelle est la cause de cet amour et de ce désir ? Est-ce que tu perçois l'état dans lequel se mettent les animaux quand leur prend le désir de procréer, autant ceux qui marchent que ceux qui volent ? Ils sont
b tous malades et leur instinct est uniquement guidé par l'Amour, d'abord quand ils veulent s'unir les uns aux autres, ensuite quand ils nourrissent leurs petits — ils sont prêts à se battre pour les défendre, les plus faibles contre les plus forts, et même à mourir pour eux ; ils souffrent eux-mêmes les tortures de la faim pour les nourrir, ils font encore beaucoup d'autres choses. Chez les hommes, on pourrait penser que c'est une conduite rationnelle. Mais chez les animaux,
c quelle est la cause de cet amour instinctif ? Peux-tu me le dire ?

Socrate. — À nouveau, je répondis que je ne savais pas.

Et elle me dit :

Diotime. — Penses-tu devenir un jour connaisseur en matière d'amour, alors que tu ne sais même pas cela ?

Socrate. — Mais c'est bien pour ça, Diotime, comme je viens de le dire, que je suis venu te voir ; je savais que j'avais besoin de leçons. Allons, explique-moi les raisons de ce phénomène et de tous les autres qui sont liés à l'amour.

Diotime. — Si tu es convaincu que l'amour est par nature désir
de ce que nous avons plusieurs fois admis ensemble, tu ne
d dois pas t'en étonner. Car, là encore, la nature mortelle suit
le même principe, elle cherche, autant que possible, à perpé-
tuer son existence et à être immortelle. Or cela n'est possible
que par le biais de la procréation : sans cesse un nouvel être
prend la place d'un ancien ; car même pendant la période
qu'on appelle, pour chaque être vivant singulier, sa vie —
période au cours de laquelle on considère qu'il est le même
(on dit par exemple qu'on reste le même de l'enfance à l'âge
adulte) —, même pendant cette période, il ne cesse de
changer en réalité, et on dit pourtant qu'il est le même. Sans
cesse il se renouvelle, tout en perdant des cheveux, de la
e chair, des os, du sang et un peu de chaque partie de son
corps. Et cela ne vaut pas seulement pour le corps, cela vaut
aussi pour l'esprit : les manières, les caractères, les opinions,
les désirs, les plaisirs, les peines, les peurs, rien de tout cela
ne reste jamais le même en chacun, certains caractères appa-
raissent, d'autres disparaissent. Mais il y a encore beaucoup
208a plus étrange : il en est de même pour les connaissances, car
passe encore que certaines apparaissent tandis que d'autres
disparaissent, et que nous ne soyons jamais les mêmes pour
ce qui est de nos connaissances, mais surtout chacune des
connaissances isolément connaît le même sort. En effet, si
l'on étudie, c'est parce qu'une connaissance peut nous quitter ;
l'oubli est le départ d'une connaissance, tandis que l'étude

au contraire permet de remplacer la connaissance envolée
par l'inscription d'une nouvelle connaissance dans la mémoire,
si bien que nous avons l'impression de conserver la même
connaissance. C'est ainsi que tout ce qui est mortel se
conserve, non pas en restant toujours exactement le même
b comme ce qui est divin, mais en remplaçant les anciens
éléments qui s'en vont par de nouveaux éléments qui sont
semblables aux précédents. C'est par ce moyen, Socrate, que
ce qui est mortel participe à l'immortalité, le corps comme
tout le reste ; pour ce qui est immortel, ce n'est pas la même
chose. Tu ne dois donc pas t'étonner si chacun attache naturellement du prix à son propre rejeton ; car cet empressement et cet amour, à l'intérieur de chaque être, n'ont d'autre
visée que l'immortalité.

SOCRATE. — Ce discours me remplit d'étonnement, et je lui dis :
Allons, très savante Diotime, est-ce qu'il en est vraiment
ainsi ?
c Elle me répondit comme un sophiste accompli :

DIOTIME. — Tu ne dois pas avoir là-dessus le moindre doute,
Socrate, car si tu considères même l'ambition chez les
hommes, tu serais en droit de t'étonner de son absurdité
si tu ne savais pas ce que j'ai dit, et si tu n'étais pas conscient
de la folie que peut entraîner le désir d'être célèbre et de
connaître à jamais une gloire immortelle. Pour cela, ils
sont tous prêts à courir des risques encore supérieurs à ceux
d qu'ils seraient prêts à courir pour leurs enfants : dépenser
de l'argent, souffrir n'importe quelle peine, mourir même.
Crois-tu, dit-elle, qu'Alceste serait morte pour Admète[1],
Achille pour Patrocle, que votre Codros[2] aurait devancé la

1. *Cf.* note 2, p. 20. \ **2.** Codros est un roi mythique de l'Attique qui fit en sorte d'être tué par les envahisseurs doriens parce qu'il savait qu'un oracle leur avait prédit qu'ils prendraient Athènes à la seule condition qu'ils ne tuent pas son roi.

mort pour conserver le pouvoir à ses enfants, s'ils ne pensaient pas que leur vertu leur vaudrait le souvenir éternel que nous avons d'eux aujourd'hui. Certainement pas, dit-elle ; à mon avis, c'est pour que leur vertu devienne immortelle, pour s'acquérir une glorieuse réputation comme
e celle-là que tous les hommes font tout ce qu'ils font, et cela d'autant plus qu'ils ont de plus hautes qualités.

Ceux qui ont une grande capacité d'enfantement dans leur corps, dit-elle, se tournent plutôt vers les femmes, et leur façon d'aimer consiste à se procurer l'immortalité, le renom et le bonheur pour tout le temps à venir, en faisant des enfants. Quant à ceux qui ont une grande capacité d'enfantement dans leur esprit... Oui, certaines personnes
209a enfantent par l'esprit, plus encore que par le corps, et elles engendrent précisément ce que l'esprit est susceptible de porter et d'enfanter ; or quels sont les rejetons de l'esprit ? Ce sont la pensée et toutes les autres formes de haute réflexion. Elles sont engendrées entre autres par tous les poètes, et les artisans que l'on appelle des inventeurs. Mais la partie de loin la plus haute et la plus belle de la pensée, c'est celle qui s'applique à l'organisation des cités et des autres systèmes administrés, celle qu'on appelle prudence et justice.

b Par ailleurs, quand un de ces hommes a depuis son jeune âge la capacité d'enfanter par l'esprit parce qu'il possède une part de divin, et que l'âge venu, il ressent le désir d'enfanter et de procréer, alors il recherche, je crois, lui aussi, de tous côtés, du beau pour procréer ; car dans le laid, il ne pourra jamais le faire. Il s'attache plus aux corps beaux qu'aux corps laids parce qu'il a cette capacité d'enfanter, et si par hasard il y trouve une âme belle, noble, et de belle naissance, alors il aime avec passion à la fois l'âme et le corps, et devant cet homme il devient tout de suite inta-

rissable en discours sur la vertu et sur la façon dont on doit
être et se comporter pour être bon ; il entreprend son éduca-
tion. Car par le contact et la fréquentation du beau, je crois,
il accouche de ce qu'il portait en lui depuis toujours, il lui
donne naissance ; qu'il soit près ou loin, il pense à lui, et
ensemble ils nourrissent ce qu'ils ont enfanté. Ainsi, leur
relation est fondée sur un lien bien plus fort que ne le sont
des enfants, leur amitié est plus solide, car ils ont en
commun des enfants plus beaux et doués d'immortalité.
Tout homme accepterait d'avoir des enfants comme ceux-
d là plutôt que des enfants humains et, en considérant
Homère, Hésiode et les autres grands poètes, on est jaloux
des rejetons qu'ils ont laissés, qui leur assurent une gloire
éternelle parce qu'eux-mêmes le sont ; ou encore on est
tout aussi jaloux quand on pense aux enfants laissés par
Lycurgue à Lacédémone, sauveurs de Lacédémone, et on
peut le dire, de la Grèce[1]. Chez vous aussi, Solon est honoré
pour les lois auxquelles il a donné naissance ; et dans beau-
e coup d'autres pays, d'autres hommes, des Grecs et des
Barbares, se sont manifestés par de nombreux actes admi-
rables et ont donné naissance à toutes sortes de hautes
réflexions. Ces enfants-là ont valu à leurs pères de nombreux
temples, alors que les enfants humains n'ont encore jamais
permis aux leurs d'en obtenir. Voilà donc sans doute,
Socrate, ce à quoi je peux t'initier toi aussi dans le domaine
210a de l'amour. Mais la révélation suprême et la contempla-
tion, qui sont ce qu'on vise quand on suit la bonne voie,

1. Lycurgue est le fondateur semi-légendaire des lois et des institutions spartiates, qui sont ici considérées comme ses « enfants ». Sparte, grâce en partie à ses institutions, avait une grande puissance militaire qui lui permettait de se protéger elle-même et de protéger la Grèce. Quand elle fait des Spartiates les sauveurs de la Grèce, Diotime fait sans doute référence au rôle joué par l'armée spartiate pendant les guerres médiques qui opposaient les Grecs aux Perses.

je ne sais pas si tu es capable de les atteindre[1]. Cependant je vais t'en parler, dit-elle, sans épargner mon zèle. Et toi, essaye de me suivre, si tu en es capable.

Celui qui suit la bonne voie doit commencer, dit-elle, quand il est jeune, par aller vers les beaux corps ; tout d'abord, s'il est bien dirigé par celui qui le guide, il doit n'aimer qu'un seul corps, et enfanter ainsi de beaux discours ; ensuite, il prendra conscience que la beauté qu'il voit dans
b ce corps est sœur de la beauté d'un autre corps, et que si on doit poursuivre la beauté dans l'apparence physique, il est totalement absurde de ne pas considérer comme une et identique la beauté qui est dans tous les corps. Quand il aura conscience de cela, il sera amoureux de tous les beaux corps et cet amour intense qu'il avait pour un seul se relâchera, il le méprisera et lui accordera peu de valeur. Plus tard, il considérera que la beauté des âmes a plus de valeur que la beauté du corps, si bien qu'un homme qui aura une belle âme, même s'il n'a pas beaucoup d'éclat physique,
c lui suffira ; il l'aimera et prendra soin de lui ; il enfantera des discours capables de rendre meilleurs les jeunes gens, et cela le forcera à considérer la beauté des actions et des lois, et à remarquer que cette beauté est toujours identique à elle-même, si bien qu'il finira par considérer la beauté du corps comme de peu d'importance. Puis, des actions il sera conduit aux sciences, dont il percevra la beauté ; il
d regardera désormais l'immensité de la beauté, et non plus un seul objet — comme un esclave qui se laisse avilir en s'attachant à la beauté d'un enfant, d'un homme ou d'une

1. Le vocabulaire de Diotime reprend celui des cultes à mystères. D'après ce que l'on peut en savoir, ils comprenaient deux niveaux d'initiation : une initiation aux petits mystères *(teletê)*, puis pour quelques personnes seulement, une initiation aux grands mystères *(epopteia)* ; dans le texte, ce deuxième moment correspondrait à celui de la révélation suprême. Sur la portée philosophique de l'emploi d'un tel vocabulaire, *cf.* Thèmes et problématiques, p. 125.

action unique, et qui ne développe pas son éloquence ; non,
tourné vers l'océan immense de la beauté, il le contem-
plera et enfantera un nombre infini de discours beaux et
imposants, son amour du savoir engendrera des pensées à
profusion, jusqu'à ce que, fortifié et élevé par cet itinéraire,
il soit capable de voir une science unique, celle de la beauté,
et dont je viens de te parler.

e Essaye de me porter toute l'attention dont tu es capable,
dit-elle. Celui qui aura été initié aux choses de l'amour
jusqu'à ce point, après avoir contemplé les belles choses
par étapes et dans un ordre précis, atteindra le terme ultime
de l'amour, et tout à coup[1] il verra une beauté d'une nature
extraordinaire, cela même, Socrate, qui était le but de tout
ce qu'il a enduré jusqu'alors, une beauté qui est tout d'abord
211a éternelle, qui ne connaît ni la naissance ni la mort, ni la
croissance ni le déclin, et puis qui n'est pas belle d'une
certaine manière et laide d'une autre manière, ni tantôt
belle, tantôt laide, ni belle sous un certain angle et laide
sous un autre, ni belle ici et laide là-bas, comme si elle
était belle pour les uns et laide pour les autres. Et cette
beauté ne lui apparaîtra pas sous la forme d'un visage, ni
de mains, ni d'aucune autre partie du corps, ni d'un
discours, ni d'une science ; elle ne se trouvera pas non plus
dans quelque chose d'extérieur, comme dans un animal,
b dans la terre, dans le ciel, ou dans n'importe quoi d'autre ;
non, elle lui apparaîtra elle-même et en elle-même, éter-
nellement identique à elle-même, et toutes les autres belles
choses participent de cette beauté, de telle façon que la
naissance ou la mort des autres belles choses ne lui ajou-

1. L'instant de la révélation marque une brusque rupture avec la progressive élévation de l'initié. L'adverbe *exaiphnês* sera réutilisé par Alcibiade pour accuser Socrate d'apparaître « tout à coup » (213c). *Cf.* Thèmes et problématiques, pp. 127 et 129.

tent ni ne lui ôtent rien et ne l'affectent en aucune manière.
Quand, depuis les choses d'ici-bas, on s'est élevé en sachant
bien mettre à profit l'amour des jeunes gens, et qu'on
commence à apercevoir cette beauté, alors on a presque
c touché au terme. Suivre la bonne voie en matière d'amour
ou y être conduit par un autre, c'est donc commencer par
les beautés d'ici-bas pour atteindre cette beauté-là, en s'éle-
vant toujours, comme si on montait par paliers, en passant
d'un seul beau corps à deux, puis de deux à tous les beaux
corps, puis des beaux corps aux belles actions, puis des
actions aux belles sciences, puis pour finir des sciences à
cette science ultime, qui n'est autre que la science de la
beauté elle-même, pour connaître enfin la nature de la
beauté en elle-même.

d Si la vie vaut la peine d'être vécue, Socrate, dit l'étrangère
de Mantinée, c'est pour contempler la beauté en elle-même.
Si tu la vois un jour, elle n'aura rien à voir avec l'or ou les
vêtements, les beaux enfants ou les jeunes gens dont la vue
te trouble tant. À présent, toi comme beaucoup d'autres,
vous seriez prêts, du moment que vous voyez vos bien-
aimés et que vous restez avec eux sans interruption, à ne
pas manger ni boire, si c'était possible, en vous contentant
de les regarder et d'être avec eux. Mais, à notre avis, que
e se passerait-il si un homme pouvait voir la beauté absolue,
pure, sans mélange, non souillée par les chairs humaines,
les couleurs, et toutes ces futilités mortelles, s'il pouvait
voir la beauté divine en elle-même sous sa forme unique ?
Crois-tu qu'il ait une vie sans intérêt, l'homme qui regarde
212a là-haut cette beauté par le moyen qu'il faut, qui la
contemple et vit avec elle ? Ne penses-tu pas qu'alors seule-
ment, quand il pourra voir la beauté par le moyen qui
permet de la voir, il n'enfantera pas des simulacres de vertu
— parce que ce ne sera pas un simulacre qu'il aura atteint —,

mais la vraie vertu parce qu'il aura atteint la vérité ? et que, quand il enfantera et nourrira la vraie vertu, il obtiendra légitimement l'amour des dieux et en deviendra un lui-même, si jamais aucun homme est devenu immortel ?

b SOCRATE. — Voilà, Phèdre, et vous tous qui m'écoutez, ce que Diotime m'a dit ; elle m'a convaincu. Et c'est pourquoi j'essaye à mon tour de convaincre les autres qu'il serait difficile pour les hommes de trouver meilleur auxiliaire que l'Amour dans leur quête de ce bien. Par conséquent, j'affirme que tout homme doit honorer l'Amour ; moi-même j'honore ce qui est lié à l'amour, je le pratique plus que tout et j'exhorte les autres à le faire, maintenant et pour toujours je loue la puissance et le courage de l'Amour
c autant que je le peux. Voilà, Phèdre, tu peux considérer ce discours comme un éloge de l'Amour si tu veux ; sinon, donne-lui le nom qui te fera plaisir.

ARISTODÈME. — Lorsque Socrate eut fini de parler, tout le monde le félicitait de son discours, et Aristophane essayait de dire quelque chose parce que Socrate avait mentionné un passage de son discours, quand soudain on frappa à la porte de la cour avec grand fracas, comme le feraient des fêtards, et on entendit la voix d'une joueuse d'*aulos*.

Alors Agathon s'écria :

d AGATHON. — Mes garçons[1], qu'attendez-vous pour aller voir ? Si c'est l'un de mes amis, invitez-le ; sinon, dites que nous ne sommes pas en train de boire, et que nous nous reposons.

ARISTODÈME. — Peu de temps après, on entendit la voix d'Alcibiade[2] dans la cour, qui était complètement ivre et criait fort, demandant où était Agathon et ordonnant

1. Agathon s'adresse ainsi à ses esclaves qui sont de jeunes garçons. \ **2.** Sur Alcibiade, *cf.* Thèmes et problématiques, p. 134.

qu'on l'amène auprès de lui. On le conduisit donc auprès des convives soutenu par la joueuse d'*aulos* et quelques-uns de ses compagnons. Il s'arrêta sur le seuil, coiffé d'une
e couronne touffue de lierre et de violettes, la tête entourée d'innombrables bandelettes[1], et dit :

Alcibiade. — Messieurs, bonsoir ! Accueillerez-vous un homme complètement ivre pour boire avec vous ? ou devrons-nous partir en nous contentant de couronner Agathon, ce qui était le but de notre venue ? Car, hier, je n'ai pas pu venir ; mais aujourd'hui je suis là, la tête couverte de bandelettes pour les faire passer de ma tête sur celle de l'homme que je proclame le plus savant et le plus beau. Allez-vous vous moquer de moi parce que je suis ivre ?
213a Mais moi, même si vous vous moquez de moi, je sais bien que j'ai raison. Alors ? donnez-moi tout de suite votre réponse : vous avez entendu mes conditions, dois-je rester ou non ? Est-ce que vous boirez avec moi ou non ?

Aristodème. — Alors tous se mirent à l'acclamer et à lui dire d'entrer et de s'allonger parmi eux. Agathon l'appela, il alla vers lui, escorté de ses compagnons, et enleva ses bandelettes pour l'en couronner. Comme il les avait devant les yeux, il n'avait pas vu Socrate et il alla s'asseoir à côté
b d'Agathon, entre Socrate et lui, car Socrate s'était écarté pour le laisser s'asseoir. Il s'assit donc, embrassa Agathon et le couronna.

Alors Agathon ordonna :

Agathon. — Mes garçons, enlevez à Alcibiade ses chaussures pour qu'il soit le troisième[2] à cette table.

1. Il s'agit des bandelettes dont on couronnait traditionnellement la tête des vainqueurs. \ **2.** Agathon partage déjà sa table avec Socrate. En général, les lits n'avaient que deux places. Peut-être celui d'Agathon fait-il exception.

Alcibiade. — Très bien, dit Alcibiade, mais qui est notre
troisième compagnon de boisson ? En même temps, il se
retourna et vit Socrate ; à sa vue, il fît un bond et s'écria :
Par Hercule, qu'est-ce que c'est que ça ? Socrate, est-ce
c toi ? Voilà encore un de tes pièges, toi qui as l'habitude
d'apparaître tout d'un coup là où je t'attendais le moins.
Qu'est-ce que tu fais là aujourd'hui ? Et puis pourquoi es-
tu allongé ici, et pas plutôt à côté d'Aristophane, ou d'un
autre comique ou qui veut l'être ? Tu t'es encore débrouillé
pour être à côté du plus beau de la soirée.

Socrate. — Socrate répondit alors :
Agathon, fais quelque chose pour me défendre !
Franchement, aimer cet homme, ce n'est pas pour moi une
mince affaire. Depuis que je suis tombé amoureux de lui,
d je n'ai plus le droit ni de regarder ni de parler avec le
moindre beau garçon, ou bien il est jaloux et envieux, il
me fait des scènes incroyables, il m'injurie et en vient
presque aux mains. Fais en sorte qu'il ne me fasse pas de
scène maintenant. Essaye de nous réconcilier ou bien, s'il
devient violent, défends-moi, car sa folle passion me fait
peur.

Alcibiade. — Il est hors de question que nous nous récon-
ciliions, toi et moi, dit Alcibiade. Mais je me vengerai de
e toi plus tard. Pour le moment, Agathon, donne-moi
quelques bandelettes pour que je couronne aussi la tête de
cet homme, cette tête admirable, afin qu'il ne me reproche
pas de t'avoir couronné sans l'avoir couronné lui, qui l'em-
porte sur tous dans ses discours, et pas seulement avant-
hier comme toi, mais tous les jours.

Aristodème. — Tout en parlant, il prit les bandelettes, couronna Socrate et s'allongea sur le lit.

Une fois allongé, il reprit la parole :

Alcibiade. — Allons, messieurs, vous m'avez l'air bien sobres. Ce n'est pas possible : il faut boire, c'est ce dont nous sommes convenus ! Comme roi du banquet, je me choisis moi-même, tant que vous n'avez pas assez bu. Allez, Agathon, qu'on m'apporte une coupe, une grande si c'est possible. Ou plutôt non ; mon garçon[1], tu n'as qu'à m'apporter ce grand récipient dans lequel on rafraîchit le vin[2].
214a Il en avait avisé un d'au moins huit cotyles[3]. Il le fit remplir et le vida le premier, puis il demanda à Socrate de se servir tout en disant :

Avec Socrate, mes amis, pas besoin d'user d'artifices de langage : il videra autant de récipients qu'on le lui demandera, sans pour autant s'enivrer.

Aristodème. — L'esclave servit alors Socrate qui but.

Et Éryximaque prit la parole :

Éryximaque. — Qu'est-ce qu'on fait, Alcibiade ? On boit
b comme ça dans le vase, sans rien dire, sans chanter, sans rien faire, comme quand on a soif ?

Alcibiade. — Alcibiade répondit :

Éryximaque, excellent fils d'un père excellent et très sage, bonsoir !

Éryximaque. — Bonsoir, répondit Éryximaque ; alors, qu'est-ce qu'on fait ?

Alcibiade. — Ce que tu recommanderas, car il faut t'obéir : *un médecin, à lui seul, vaut beaucoup d'autres hommes*[4]. Ordonne donc ce que tu veux.

1. Alcibiade s'adresse à un esclave. \ **2.** Le *psychtère* est le grand récipient dans lequel on conservait le vin avant de le mélanger avec de l'eau. \ **3.** Un cotyle représente 27 centilitres. \ **4.** Dans l'*Iliade* (XI, 514), Idoménée prononce ces mots pour supplier Nestor d'évacuer le médecin Machaon, blessé, du champ de bataille.

Éryximaque. — Eh bien ! écoute, dit Éryximaque. Avant
que tu n'arrives, nous avions décidé que chacun à son tour,
c de gauche à droite, ferait un discours sur l'Amour, le plus
beau possible, un discours d'éloge. Nous avons tous parlé ;
mais toi, puisque tu n'as pas parlé et que tu as bu, il est
légitime que tu parles. Après ton discours, tu ordonneras
à Socrate ce que tu veux, puis lui fera la même chose avec
son voisin de droite, et ainsi de suite.

Alcibiade. — Très bien parlé, Éryximaque, dit Alcibiade.
Mais la comparaison des discours entre un homme qui a
bu et des hommes sobres n'est pas égale. Et en plus, bien-
heureux, est-ce que tu crois un mot de ce que Socrate a dit
d tout à l'heure ? Ne penses-tu pas plutôt que c'est tout le
contraire de ce qu'il a dit ? Si je fais en sa présence l'éloge
d'un autre que lui, que ce soit un homme ou un dieu, il
ne retiendra pas sa main pour me battre.

Socrate. — Ne dis pas n'importe quoi, dit Socrate.

Alcibiade. — Par Poséidon, reprit Alcibiade, ne t'y oppose pas, car je ne ferai l'éloge de personne d'autre en ta présence.

Éryximaque. — Eh bien ! vas-y, si tu veux, dit Éryximaque ; fais l'éloge de Socrate.

e Alcibiade. — Qu'est-ce que tu dis ? répondit Alcibiade. Tu
crois, Éryximaque, que je dois… Vais-je m'en prendre à
ce personnage et me venger de lui devant vous ?

Socrate. — Dis donc, toi, qu'est-ce que tu as en tête ? demanda Socrate ; tu veux prendre le prétexte de faire mon éloge pour en réalité me rendre ridicule aux yeux des autres, ou quoi ?

Alcibiade. — Je vais dire la vérité ; à toi de voir si tu l'acceptes.

Socrate. — Mais bien sûr, dit-il, je l'accepte ; et je t'ordonne même de la dire.

Alcibiade. — Je m'en vais le faire tout de suite, dit Alcibiade.
Voici ce que je te demande : si je dis quelque chose qui
n'est pas vrai, surtout n'hésite pas à me couper la parole
et à dire que c'est un mensonge. Car je ne le ferai pas volon-
215a tairement. Mais si je mélange un peu mes souvenirs en
parlant, ne sois pas surpris, car ton atopie et l'état où je
suis font qu'il n'est pas facile de tout dénombrer avec
aisance, surtout sans s'y être préparé.

Pour faire l'éloge de Socrate, messieurs, j'utiliserai des
images. Il pensera peut-être que c'est pour le rendre ridi-
cule à vos yeux ; mais c'est pour approcher la vérité que
je les utilise, non pour faire rire. Pour moi donc, il est
exactement pareil aux silènes[1] qu'on voit exposés dans les
b ateliers des sculpteurs, ceux que les artisans représentent
avec une *syrinx* ou un *aulos*[2] à la main ; si on les ouvre en
deux, on s'aperçoit qu'ils contiennent des statues de dieux.
Il ressemble aussi, à mon avis, au satyre Marsyas[3]. Que
par ton apparence physique tu leur ressembles, voilà ce
que même toi, Socrate, tu ne contesteras pas. Pour ce qui
est des autres similitudes, écoute ce que je vais dire. Tu
es un insolent, n'est-ce pas ? Si tu n'es pas d'accord, je
produirai des témoins. Mais, me diras-tu, tu ne joues pas
de l'*aulos*. Oh si, et ta musique est bien plus merveilleuse
c que celle de Marsyas. Lui, il charmait les hommes à l'aide
d'instruments par la puissance de son souffle, et aujour-
d'hui encore le charme opère quand on joue ses mélodies
sur l'*aulos*. Par exemple, ce que jouait Olympos[4], pour

1. *Cf.* Thèmes et problématiques, note 1, p. 116. \ **2.** *Cf.* note 1, p. 16. \ **3.** *Cf.* Thèmes et problématiques, « Le philosophe en silène, Socrate et Marsyas », p. 130. \ **4.** Olympos est un Phrygien, musicien du VIIe siècle av. J.-C., qui passait pour avoir été l'élève de Marsyas (*cf.* Platon, *Lois*, III, 677d ; VII, 790d).

moi, c'était du Marsyas, parce qu'il avait été son élève. Et ses mélodies, que ce soit un bon musicien ou une pauvre joueuse d'*aulos* qui les interprète, ont seules le pouvoir de nous posséder et de révéler ceux d'entre nous qui ont besoin des dieux et des initiations, car elles sont divines. Et toi, si tu diffères de lui, c'est uniquement parce que ce n'est pas avec des instruments, mais avec de simples paroles
d que tu produis le même effet. C'est certain : quand nous écoutons les discours d'un autre, fût-ce un très grand orateur, cela ne fait quasiment rien à personne. Mais dès que c'est toi que nous écoutons, ou bien tes paroles rapportées par un autre, même si celui qui parle n'a pas le moindre don, que ce soit une femme, un homme, ou un jeune homme, nous sommes profondément troublés, possédés. En tout cas pour moi, mes amis, si je ne craignais de paraître complètement ivre, je vous dirais en prenant les dieux à témoin dans quel état ses paroles m'ont mis et me mettent encore aujourd'hui. À chaque fois que je l'en-
e tends, en effet, mon cœur bat bien plus fort que celui des corybantes[1], et ses paroles me mettent les larmes aux yeux. Et j'en vois beaucoup d'autres dans le même état ; alors que quand j'entendais Périclès[2] ou les autres bons orateurs, je trouvais qu'ils parlaient bien évidemment, mais je ne ressentais rien de tel, mon âme n'était pas secouée et elle ne s'indignait pas de l'état d'esclavage dans lequel elle avait été jetée. En revanche, ce Marsyas-là[3] m'a souvent

1. Les corybantes étaient un groupe d'êtres mythiques associés à la déesse Cybèle. Ils avaient la particularité d'entrer en transe au son de divers instruments à percussion et à vent. \ **2.** Très grand stratège du Ve siècle av. J.-C., dont la supériorité oratoire était célèbre. Il fut réélu plusieurs fois de suite et régna sur Athènes pendant au moins dix ans. Il mourut en 429 av. J.-C., deux ans après le début de la guerre du Péloponnèse, lors de la grande peste d'Athènes. \ **3.** C'est Socrate qu'il désigne ainsi.

216a mis dans un tel état qu'il me semblait impossible de conti-
nuer à vivre comme je le faisais. Et là, Socrate, tu ne diras
pas que c'est faux. Aujourd'hui encore, je sais bien que si
je consentais à prêter l'oreille, je n'aurais pas la force de
résister et je retomberais dans cet état. Car il m'oblige à
reconnaître que, malgré tout ce qui me manque, je
continue à me désintéresser de mes problèmes pour prendre
en charge ceux des Athéniens[1]. Je me force donc, comme
pour ne pas entendre les Sirènes[2], à me boucher les oreilles
et je prends la fuite pour ne pas vieillir ainsi, assis à côté
b de lui. Il est le seul homme devant qui j'éprouve ce senti-
ment assez inattendu chez quelqu'un comme moi, la honte.
Devant lui seul j'ai honte ; car je sais bien que, malgré
mon incapacité à trouver des arguments pour contester
ce qu'il me conseille de faire, quand je le quitte, je me
laisse à nouveau dominer pas le désir des honneurs popu-
laires. Je le fuis, comme un esclave, et quand je le vois,
c j'ai honte de ce que j'ai reconnu auparavant. Souvent, je
me prends à souhaiter sa mort. Mais si une chose pareille
arrivait, je souffrirais encore bien plus, si bien que je ne
sais pas quoi faire avec cet homme.

Voilà donc l'effet que font les airs d'*aulos* de ce satyre sur
moi et sur beaucoup d'autres. Mais écoutez un peu à quel
point il ressemble à ceux auxquels je l'ai comparé, et
combien sa puissance est étonnante ; car, sachez-le, aucun
d de vous ne la connaît. Mais je vais vous la montrer, puisque

1. En effet Socrate, comme le voit dans l'*Apologie de Socrate* (29d), reproche aux autres de s'intéresser à l'argent, à leur réputation ou à leur statut social, plutôt qu'à la sagesse, à la vérité et au perfectionnement moral. \ **2.** Alcibiade fait ici référence à l'aventure d'Ulysse qui demanda à ses compagnons de se boucher les oreilles avec de la cire et de l'attacher au mât du bateau pour qu'il puisse écouter le magnifique chant des Sirènes sans se laisser attirer dans leur piège (ceux qui écoutaient les Sirènes partaient les rejoindre et mouraient). *Cf. Odyssée*, XII, 37-54, 154-200.

j'ai commencé. Vous avez remarqué que Socrate a un
penchant pour les beaux garçons, qu'il passe son temps à
leur tourner autour et qu'il est sensible à leur charme. Par
ailleurs, il ignore tout et il ne sait rien, du moins en appa-
rence. Est-ce que cela n'est pas typique du silène ? Si, tout
à fait, car c'est une apparence extérieure qu'il se donne,
comme le silène sculpté. Mais à l'intérieur, mes chers
compagnons de boisson, quelle sagesse n'allez-vous pas
trouver si vous l'ouvrez ! Sachez-le : la beauté n'a aucune
e importance pour lui — il la méprise plus qu'on ne peut
l'imaginer —, ni la richesse, ni aucun des autres honneurs
qui sont prisés par la foule. Pour lui, tous ces biens n'ont
aucune valeur, et nous ne sommes rien, je vous le dis. Il
passe sa vie à poser des questions et à plaisanter avec les
hommes ; mais quand il devient sérieux et que le silène
s'ouvre, j'ignore si l'un d'entre vous a pu contempler les
statues qui s'y trouvent... Moi, je les ai déjà vues et je les
ai trouvées tellement divines, précieuses, sublimes,
217a merveilleuses, que je suis forcé d'obéir aux conseils de
Socrate.

Comme je le croyais passionnément épris de ma jeunesse,
j'ai pensé que c'était là pour moi une aubaine et une chance
étonnantes, car j'imaginais qu'en échange de mes bonnes
grâces, je pourrais apprendre tout ce que Socrate savait ;
car, bien entendu, j'étais très fier de ma beauté. C'est donc
dans cette intention que, moi qui jusque-là n'avais pas
l'habitude d'être seul avec lui sans serviteur, ce jour-là je
b renvoyai mon serviteur et me retrouvai seul avec lui. Eh
bien, je dois vous dire toute la vérité : écoutez-moi bien et
si je mens, Socrate, reprends-moi. Je me retrouvai donc,
mes amis, tout seul avec lui, et je pensais qu'il allait tout
de suite se mettre à me parler de ce dont les amants parlent
aux jeunes garçons quand ils sont seuls ; j'étais très content.

Mais rien de cela n'arriva : il me parla comme d'habitude, passa toute la journée avec moi et s'en alla. Ensuite, je l'in-
c vitai à venir faire de la gymnastique avec moi, et je m'entraînai avec lui, pensant que cela aurait un effet. Il faisait donc de la gymnastique avec moi et il luttait même souvent contre moi, sans personne pour nous voir. Que vous dire ? Je n'en obtins pas davantage. Comme ces procédés ne me menaient nulle part, je me dis qu'il fallait attaquer mon homme de front, sans le lâcher, puisque je m'étais lancé dans cette entreprise, afin de savoir à quoi m'en tenir. Je l'invite donc à dîner, exactement comme un amant qui
d tend un piège à son bien-aimé. Cela non plus il ne mit pas beaucoup d'empressement à l'accepter, mais avec le temps il se laissa convaincre. La première fois qu'il vint, il voulut partir après le dîner ; ce jour-là, par honte, je le laissai partir. Mais je menai une nouvelle offensive : quand il eut dîné, je continuai à parler jusqu'à ce que la nuit fût bien avancée et quand il voulut partir, je remarquai qu'il était tard et le forçai à rester.

Il était donc allongé dans le lit qui était contigu au mien, celui dans lequel il avait dîné, et il n'y avait personne
e d'autre que nous deux dans la maison… Jusque-là, tout ce que j'ai dit pourrait aisément se raconter devant n'importe qui ; mais ce qui vient, vous ne l'auriez jamais entendu si tout d'abord, comme dit le proverbe, la vérité n'était (qu'il y ait des enfants ou non) dans le vin[1], et si ensuite il ne me paraissait injuste de laisser dans l'ombre un acte admirable de Socrate alors que je suis en train de faire son

1. Un proverbe, cité par Photius, disait à peu près : « le vin et les enfants sont vrais ». Les hommes ivres, parce qu'ils ne se rendent plus compte de ce qu'ils disent, et les enfants, parce qu'ils sont innocents et naïfs, disent la vérité. En français, nous avons deux proverbes qui correspondent à cet ancien proverbe : *in vino veritas*, et « la vérité sort de la bouche des enfants ».

éloge. En outre, je suis dans la même situation que si j'avais
été piqué par une vipère : on dit que quand on a souffert
cela, on ne veut le raconter à personne sauf à ceux qui ont
218a déjà été mordus, parce qu'eux seuls peuvent comprendre
et pardonner tout ce qu'on a osé faire et dire sous l'effet de
la souffrance. Moi donc, qui ai été mordu par une arme
plus douloureuse encore et dans l'endroit le plus doulou-
reux où on puisse être mordu... car c'est au cœur ou à
l'âme, quel que soit le nom que vous lui donnerez, que j'ai
été frappé et mordu par les discours philosophiques, qui
pénètrent plus violemment encore que la dent de la vipère
dans une âme jeune, qui n'est pas dépourvue de dons, quand
ils s'en emparent, et ils lui font faire et dire n'importe quoi.
b En voyant Phèdre, Agathon, Éryximaque, Pausanias,
Aristodème et Aristophane, sans parler de Socrate lui-
même, et tous les autres, vous tous qui avez rejoint la transe
philosophique et son délire bacchique, je me dis que vous
pouvez tous m'écouter. Car vous me pardonnerez ce que
j'ai fait ce jour-là et ce que je raconte aujourd'hui. Quant
à vous, esclaves, profanes ou rustres, qui seriez susceptibles
de vous trouver ici, fermez sur vos oreilles de très lourdes
portes.

Quand donc, messieurs, la lampe fut éteinte et les esclaves
c partis, je me dis qu'il ne fallait pas jouer au plus fin avec
lui, et qu'il valait mieux dire librement ce que je pensais.
Je posai donc ma main sur lui en disant : Socrate, tu dors ?
Non, répondit-il. Tu sais ce que je pense ? Quoi ? explique-
toi, dit-il.

Je pense, dis-je, que tu es le seul qui soit digne de devenir
mon amant et j'ai l'impression que tu hésites à m'en parler.
Voilà ce que je ressens. Il me paraît totalement absurde de
ne pas te céder en cela, ou en toute autre chose qui néces-
d siterait l'aide de ma fortune ou de mes amis. Car rien n'est

plus important pour moi que de devenir le meilleur possible, et dans cette entreprise je ne crois pas pouvoir trouver de guide plus apte à m'aider que toi. Et j'aurais bien plus honte de ne pas céder à un homme comme toi, devant les sages, que je n'aurais honte de lui céder devant la foule des imbéciles.

Il m'écouta puis me répondit avec toute l'ironie dont il est coutumier.

Socrate. — Mon cher Alcibiade, il y a des chances que tu
e ne sois vraiment pas idiot, si ce que tu dis sur moi est vrai, et si j'ai quelque pouvoir capable de te rendre meilleur ; car alors, tu aurais vu en moi une beauté extraordinaire, très différente de ta grande beauté physique ; et si, après avoir aperçu ce trésor, tu entreprenais de te rapprocher de moi et d'échanger ta beauté contre la mienne, on peut dire que tu ferais une assez bonne affaire : tu entreprendrais de posséder la vraie beauté plutôt que cette beauté apparente, et en fait tu voudrais échanger de l'or contre du bronze[1].
219a Mais fais attention, bienheureux, de ne pas te laisser illusionner par moi, qui ne suis rien. La vue de l'esprit ne commence à devenir aiguë que quand celle des yeux se met à perdre de son acuité ; et toi, tu es encore loin de cette période de ta vie.

Alcibiade. — Après avoir entendu cette réponse, je lui dis : Pour moi, voilà ce qu'il en est, je n'ai rien dit que je ne pense. C'est à toi de décider ce que tu penses être le mieux et pour toi et pour moi.

Socrate. — Tu as raison, répondit-il, dans le temps à venir,
b nous nous consulterons et nous ferons ce qui nous paraîtra le mieux à l'un et à l'autre, sur ce point comme sur le reste.

---

1. Dans l'*Iliade* (VI, 232-236), Glaucon, un Troyen, échange son armure d'or contre l'armure de bronze de Diomède, car Zeus lui a fait perdre toute logique. Socrate fait ici une analogie entre la transaction que propose Alcibiade et celle qu'a faite Diomède.

ALCIBIADE. — Après cet échange, je crus que j'avais décoché
des traits qui l'avaient blessé. Je me levai sans le laisser
ajouter un mot, je le recouvris de mon manteau (c'était
l'hiver), puis je me couchai sous son vieux manteau à lui,
c et je passai la nuit entière les bras serrés autour de ce véri-
table démon[1], qui ne cessait de m'étonner. Là non plus,
Socrate, tu ne diras pas que je mens. Malgré cela, il fit
montre d'une force incroyablement supérieure à la mienne,
il me méprisa, il se moqua de ma beauté, il la dédaigna.
Pourtant, dans ce domaine, je pensais avoir quelques
mérites, messieurs les jurés[2] (car vous êtes ici pour juger
la superbe de Socrate) ; or sachez-le bien, par les dieux et
les déesses, je me levai après avoir dormi aux côtés de Socrate
d sans que rien de plus ne se fût passé que si j'avais dormi
auprès de mon père ou de mon frère aîné.
Imaginez donc ce que je pouvais penser après une telle
aventure ! D'un côté, j'avais le sentiment d'avoir été désho-
noré ; de l'autre, j'admirais son caractère, sa sagesse et sa
force. Je m'étais trouvé face à un homme doué d'une intel-
ligence et d'une fermeté que je ne pensais jamais rencon-
trer. Si bien que je ne pouvais pas me fâcher et me priver
de sa compagnie, et en même temps je ne voyais pas
e comment l'amener où je voulais. J'avais bien conscience
qu'il était bien plus invulnérable face aux richesses
qu'Ajax[3] ne l'était face au fer ; je l'avais attaqué par le

---

1. Socrate est donc qualifié de « démon » *(daimon)*. C'est le mot qu'avait employé Diotime pour définir l'amour, ce qui loin d'être anodin, *cf.* Thèmes et problématiques, pp. 122 et 129 et Glossaire, p. 142. \ **2.** Alcibiade utilise ici l'expression figée par laquelle on s'adresse au tribunal lors d'un procès. Tout se passe comme s'il poursuivait Socrate en justice pour *hybris* (insolence, superbe). \ **3.** Ajax est l'un des héros de la guerre de Troie. Il portait un bouclier constitué de sept peaux de bœuf superposées, comme le décrit Sophocle dans *Ajax* (v. 576) ; de plus, Hercule l'avait rendu invincible, sauf à l'aisselle, en le recouvrant de la peau du lion de Némée (Pindare, *Isthmique*, VI, 47).

seul point faible qu'il me semblait avoir et il m'avait échappé. J'étais perdu, j'errais, asservi à un homme comme jamais personne ne l'avait été à aucun autre. Tout cela m'était déjà arrivé quand eut lieu l'expédition de Potidée[1], à laquelle nous participâmes tous deux ; là-bas, nous prenions nos repas ensemble. Tout d'abord, pour ce qui est de la résistance physique, il l'emportait non seulement sur moi, mais aussi sur tous les autres. Quand, pour une raison ou pour une autre, les communications avaient été coupées, comme il arrive à la guerre, et que nous étions obligés de jeûner, aucun des autres ne le surpassait en
220a endurance. En revanche, quand nous recevions le ravitaillement, il savait en jouir mieux que personne, et en particulier de la boisson. Il ne buvait pas de lui-même mais quand on le forçait, il surpassait tout le monde ; et le plus étonnant, c'est que jamais personne n'a vu Socrate ivre — je pense que vous en aurez la preuve tout à l'heure. Pour ce qui est des rigueurs de l'hiver (là-bas les hivers
b sont terribles), il agissait de façon étonnante ; dans le froid et en particulier un jour de gel, ce qu'il y a de pire, quand tous évitaient de sortir ou s'emmitouflaient d'incroyable façon s'ils sortaient, chaussés, et les pieds enveloppés dans du feutre et des peaux d'agneaux, lui, par ce temps-là, sortait avec le même manteau que d'habitude, et il marchait pieds nus sur la glace avec plus de facilité que les autres, chaussés comme ils l'étaient. Les soldats le
c regardaient de travers, pensant qu'il les bravait. *Mais au-delà de cela, ce que fit et endura ce héros vaillant*[2] là-bas, un jour, dans l'armée, cela vaut la peine de l'entendre. Il

1. Potidée est une ville de Chalcidique qui essaya de résister à la domination athénienne et fut battue après une guerre de cinq ans (435-430 av. J.-C.). \ **2.** Citation de l'*Odyssée*, IV, 242 : Hélène évoque les aventures d'Ulysse.

s'était mis à réfléchir et se tenait debout, au même endroit, depuis le matin, concentré sur une réflexion. Comme il n'avançait pas, il ne voulait pas abandonner et restait là à chercher. Déjà il était midi, et les soldats le regardaient avec étonnement ; la rumeur se répandait que Socrate, réfléchissant à quelque chose depuis le matin, restait immobile. Finalement, comme c'était le soir, des Ioniens, après
d avoir dîné (car on était alors en été) apportèrent leurs lits dehors et couchèrent au frais tout en observant si Socrate resterait debout toute la nuit. Il resta debout jusqu'à ce qu'arrivent l'aurore et le lever du soleil. Ensuite, il s'en alla après avoir adressé sa prière au soleil[1].

Si vous voulez, je vais passer aux combats ; dans ce domaine aussi il faut lui rendre justice. Lors du combat à l'issue duquel les généraux m'ont décerné la palme de la vaillance,
e ce n'est qu'à lui que je dois mon salut, car il refusa de m'abandonner alors que j'étais blessé. Et avec moi il a sauvé mes armes. Ce jour-là, Socrate, j'ai demandé aux généraux de t'accorder la palme de la vaillance. Sur ce point, tu ne pourras me blâmer ni m'accuser de mensonge. Mais les généraux considéraient ma position sociale[2] et voulaient me donner la palme à moi, et c'est toi qui as insisté avec plus de fougue encore que les généraux pour que la palme me revienne plutôt qu'à toi.

Voici encore une occasion lors de laquelle il valait la peine
221a d'observer Socrate : quand l'armée en déroute quittait Délion[3]. Il se trouve que j'y étais, à cheval, tandis que lui

1. L'épisode confirme l'habitude socratique d'oublier toute occupation pour se consacrer à la pensée qui se présente. On sait qu'Agathon, attendant son hôte, a jugé cette attitude atopique (*cf.* note 2, p. 12) ; il n'en va pas autrement pour Alcibiade, même s'il s'en émerveille au lieu de s'en irriter. *Cf.* Thèmes et problématiques, p. 115 *sqq.* \ **2.** Alcibiade avait pour tuteur Périclès, le plus haut personnage de la cité. \ **3.** Vers la fin de l'année 424 av. J.-C., les Athéniens connurent une défaite près de Délion, en Béotie, face aux Béotiens (*cf.* Thucyclide, IV, 89-101, 2).

n'avait que son uniforme d'hoplite[1]. Il reculait donc, au milieu du désordre général, accompagné de Lachès[2] ; je les rencontrai par hasard et dès que je les vis, je les exhortai à garder courage en leur disant que je ne les abandonnerais pas. À cette occasion-là, j'ai pu mieux observer Socrate qu'à Potidée — car j'avais moins peur étant donné que j'étais à
b cheval. D'abord, il avait nettement plus de sang-froid que Lachès. Et puis il me paraissait — Aristophane, j'emploie tes propres termes — se promener là-bas comme dans les rues d'Athènes, *se rengorgeant et regardant autour de lui*[3], considérant avec calme ses amis comme ses ennemis, et l'on pouvait voir clairement et de très loin que si on s'attaquait à cet homme, il se défendrait avec beaucoup de force. C'est pourquoi il se repliait en toute sécurité, ainsi que son compagnon. Les gens qui se comportent ainsi pendant la guerre,
c il ne leur arrive presque rien, ce sont ceux qui fuient en désordre que l'on poursuit.

Il y aurait encore beaucoup d'autres choses à dire pour faire l'éloge de Socrate, et des choses admirables. Mais pour ce qui est de sa conduite de tous les jours, on pourrait aussi bien faire les mêmes compliments à un autre que lui. Ce qui est vraiment extraordinaire, c'est qu'il ne ressemble à aucun autre, ancien ou contemporain. On peut trouver des ressemblances entre Achille et Brasidas[4] ou d'autres, Périclès est semblable à Nestor[5] et à Anténor[6],

1. Les hoplites étaient les soldats qui allaient à pied. \ **2.** Lachès est un stratège qui donne son nom à un autre dialogue de Platon. Il mourut en 418 av. J.-C. pendant la bataille de Mantinée. \ **3.** Citation des *Nuées* d'Aristophane, v. 362. \ **4.** Brasidas était un chef militaire spartiate très brillant. Il mourut en 422 av. J.-C. lors de la bataille d'Amphipolis. On lui éleva un mémorial et on l'honora comme un héros (*cf.* Thucyclide, V, 10, 8-11). \ **5.** Nestor était le roi de Pylos, sur la côte ouest du Péloponnèse. Il fut le conseiller des Grecs pendant la guerre de Troie (*cf. Iliade*, I, 248). \ **6.** Anténor est un héros troyen, dont la sagesse était notable (*cf. Iliade*, III, 148-151). Il jouait à peu près le même rôle auprès des Troyens que celui joué par Nestor auprès des Grecs.

d et ils ne sont pas les seuls exemples ; on pourrait faire le
même genre de comparaison pour les autres grands
hommes. Mais l'atopie de cet homme-là, la sienne propre
comme celle de ses discours, on ne trouvera rien à lui
comparer même approximativement, ni chez les contem-
porains, ni chez les anciens, à moins qu'on ne les compare,
ses discours et lui, à ceux dont j'ai parlé : non à des hommes,
mais à des silènes et des satyres. Car c'est un point que
j'ai oublié de mentionner au début : ses discours aussi sont
e tout à fait semblables aux silènes que l'on ouvre. Quand
on consent à écouter les discours de Socrate, ils paraissent
complètement ridicules au premier abord. Les mots et les
phrases qui constituent son enveloppe extérieure sont
comparables à la peau[1] d'un satyre impudent. Car il parle
d'ânes bâtés, de forgerons, de cordonniers, de tanneurs[2],
et il a toujours l'air de dire les mêmes choses avec les
mêmes mots, si bien que n'importe quel imbécile à la tête
222a vide peut se moquer de ses discours. Mais quand on les
ouvre, si on les observe et si on pénètre à l'intérieur, d'abord
on comprend qu'ils sont les seuls à avoir du sens, ensuite
qu'ils sont absolument divins, qu'ils contiennent une
multitude de représentations magnifiques[3] de la vertu,
qu'ils ont une très haute portée, ou plutôt qu'ils explo-
rent tout ce à quoi on doit attacher son esprit si on veut
être un homme excellent.

Voilà donc, messieurs, mon éloge de Socrate. J'y ai mêlé mes reproches, en décrivant les outrages qu'il m'a fait subir. D'ailleurs, je ne suis pas le seul à avoir connu ce type

1. Le terme grec ici employé, *dora*, désigne la peau d'une bête, ce qui est logique puisque le bas du corps d'un satyre était celui d'un bouc. \ **2.** Alcibiade fait ici allusion au goût de Socrate pour les exemples tirés de la vie quotidienne. \ **3.** Alcibiade emploie ici le terme *agalmata*, *cf.* Thèmes et problématiques, note 2, p. 130.

b d'expérience avec lui, il y a aussi Charmide[1], le fils de Glaucon[2], Euthydème[3], le fils de Dioclès et beaucoup d'autres qu'il a trompés en leur faisant croire qu'il était leur amant alors qu'en réalité il était plutôt dans la position d'un bien-aimé. Je te préviens, Agathon, ne te laisse pas tromper par cet homme-là ; fort de notre expérience, sois prudent, et ne donne pas raison au proverbe qui dit : *l'enfant apprend en faisant de mauvaises expériences*[4].

c ARISTODÈME. — Quand Alcibiade eut fini de parler, l'assemblée se mit à rire, parce qu'il avait l'air d'être toujours amoureux de Socrate.

Alors Socrate prit la parole :

SOCRATE. — Tu ne me parais pas ivre du tout, Alcibiade. Sinon, tu n'aurais jamais pu dissimuler derrière tant de jolis détours le véritable objet de ton discours, et tu ne l'aurais pas évoqué comme un point accessoire, à la fin ; comme si tu n'avais pas dit tout cela avec l'unique inten-
d tion de nous brouiller, Agathon et moi, car tu considères que je n'ai le droit d'aimer personne d'autre que toi, et qu'Agathon ne doit être aimé de personne d'autre que de toi. Mais je n'ai pas été dupe ; ton drame satyrique plein de silènes, je vois bien ce qu'il cache. Allons, mon cher Agathon, il n'y gagnera rien, fais en sorte que personne ne nous brouille, toi et moi.

AGATHON. — Agathon répondit :

Il y a de fortes chances que tu aies raison, Socrate. La preuve,
e c'est qu'il s'est couché exactement entre nous deux pour

1. Charmide est l'oncle de Platon. Il a donné son nom à l'un des dialogues platoniciens, dans lequel il apparaît tout jeune et particulièrement beau. \ **2.** Ce Glaucon, père de Charmide, était sans doute le grand-père de Platon. \ **3.** Euthydème, le fils de Dioclès, est lui aussi censé avoir été particulièrement beau. Mais il ne faut pas le confondre avec le sophiste Euthydème qui donne son nom à un dialogue de Platon. \ **4.** On trouve ce proverbe dans l'*Iliade* (XVII, 32) et dans *Les Travaux et les Jours* d'Hésiode (v. 218).

nous séparer. Mais il n'y gagnera rien, je vais venir m'allonger près de toi.

Socrate. — C'est ça, dit Socrate, allonge-toi ici sur le lit juste à côté du mien.

Alcibiade. — Par Zeus, reprit Alcibiade, cet homme ne peut s'empêcher de me faire du mal ! Il croit devoir toujours me montrer sa supériorité. C'est quand même incroyable ! Laisse au moins Agathon s'installer entre nous deux.

Socrate. — Mais c'est impossible, répondit Socrate, car tu viens de faire mon éloge. Il faut donc à mon tour que je fasse l'éloge de celui qui se trouve à ma droite ; or, si Agathon se couche sur le lit qui est à côté du tien, il ne va quand même pas faire encore mon éloge avant que je ne fasse le sien. Allons, laisse les choses comme elles sont,
223a petit démon, et ne t'énerve pas de l'éloge que je vais faire de ce jeune homme. Car j'ai très envie de faire un discours en son honneur.

Agathon. — Bravo ! s'écria Agathon. Alcibiade, il n'y a pas moyen que je reste ici ; je préfère vraiment changer de place pour recevoir les louanges de Socrate.

Alcibiade. — Voilà, répondit Alcibiade, c'est toujours comme ça ! Quand Socrate est là, personne d'autre ne peut approcher des beaux garçons. Voyez comme il a facilement trouvé un argument imparable pour le faire asseoir près de lui !

b Aristodème. — Agathon se levait donc pour aller s'installer auprès de Socrate, quand soudain, toute une troupe de fêtards se présenta devant les portes qu'ils trouvèrent ouvertes parce que quelqu'un sortait ; ils se dirigèrent sans hésitation vers les convives et s'installèrent avec eux. Il y avait du tumulte partout, plus aucun ordre ne régnait, on fut contraint de boire beaucoup de vin.

Éryximaque, Phèdre et quelques autres s'en allèrent, poursuivit Aristodème. Lui-même, le sommeil l'emporta et il

c dormit très longtemps parce que les nuits étaient longues. Il se réveilla au point du jour, après le chant du coq ; une fois réveillé, il vit que les autres dormaient ou s'étaient retirés. Seuls Agathon, Aristophane et Socrate étaient encore éveillés et buvaient dans une grande coupe qu'ils se passaient de gauche à droite. Socrate leur parlait. Le reste de leur conversation, Aristodème me dit qu'il ne s'en souvenait
d pas parce qu'il ne l'avait pas suivie depuis le début et qu'en plus il dormait à moitié. Mais il se rappelait vaguement que Socrate les forçait à admettre qu'il appartenait au même homme de composer une comédie et une tragédie, et de faire le métier de poète tragique et de poète comique. Contraints d'accepter ce qu'il disait, ne suivant déjà plus très bien, ils s'endormaient. Le premier à s'endormir vraiment fut Aristophane, et Agathon le suivit alors qu'il faisait déjà jour.

Socrate, après les avoir ainsi endormis, se leva et partit. Aristodème, comme à son habitude, le suivit. Il se rendit au Lycée[1], se baigna, passa le reste de la journée à ses activités habituelles, puis, après cela, il rentra chez lui le soir pour se reposer.

1. Le Lycée, où plus tard Aristote allait installer son école, était à l'époque un gymnase installé dans le sanctuaire d'Apollon *Lukeios* (le loup), pas très loin de l'Académie (l'école de Platon). On apprend dans l'*Euthyphron* (2a *sqq.*) que Socrate aimait y passer son temps.

DOSSIER

L'ARCHITECTURE DE L'ŒUVRE

Sont mises en évidence ici les principales articulations du *Banquet*.

PRÉAMBULE (172a-178a)

La transmission du récit (172a-174a).
Les invitations et les modalités du banquet (174a-175e), la décision des convives de faire l'éloge de l'Amour (176a-178a).

PREMIÈRE PARTIE (178a-199b)

Les cinq premiers orateurs décrivent les diverses qualités du dieu Éros.
Phèdre (178a-180b).
Pausanias (180c-185c).
Intermède et hoquet d'Aristophane (185c-e).
Éryximaque (185e-188e).
Aristophane (189a-193d).
Intermède et échange entre Socrate et Agathon (193d-194e).
Agathon (194e-198a).
Conclusion (198a-198b).

DEUXIÈME PARTIE (198b-212c)

Le discours de Socrate sur Éros.
Critique des précédents éloges (198b-199c).
Discussion avec Agathon : on a paré l'amour des qualités dont il manque puisqu'il est désir ; il faut comprendre sa juste nature (199c-201c).
Socrate rapporte les propos de Diotime (201d-e) : Éros n'est pas un dieu mais un intermédiaire (201e-203a) ; mythe de sa naissance (203b-c).
Conséquences : l'amour est philosophe puisqu'il est intermédiaire entre la science et l'ignorance (203c-204a) ; et puisqu'il est désir de posséder le beau et le bien, il est désir d'immortalité et vise à enfanter dans le beau (204a-209e).
Description des étapes de l'ascension amoureuse (209e-212c).

TROISIÈME PARTIE (212c-223a)

Arrivée d'Alcibiade ivre (212c-214a).
Alcibiade fait l'éloge de Socrate (214a-222a) en procédant par comparaison : Socrate est semblable à un silène.
Les qualités de Socrate (217a-221c) font qu'il ne ressemble à personne (221c-d), ce qui justifie qu'on le compare à un silène (221d-222a).
Conclusion (222a-223a).

ÉPILOGUE (223b-d)

L'AUTEUR ET LE CONTEXTE

510 | 500 | 490 | 480 | 470 | 460 | 450 | 440 | 430 | 420

Œuvres de Platon

Dates politiques et événements

Guerres médiques contre Darius et Xerxès : –499 – –477

Domination d'Athènes : –477 –

- –490 Marathon
- –480 Salamine
- –479 Thémistocle fortifie Athènes
- –477 Platée
- –476 Confédération de Délos
- –449 – –429 Rayonnement de Périclès
- –431 Guerre du Péloponnèse : guerre entre Athènes et ses alliés et Sparte et ses alliés
- –421 Paix de Nicias
- –415 Expédition de Sicile

Art et littérature

Poètes dramatiques et historiens du Ve siècle

- –525 à –456 Eschyle (poète)
- –495 à –405 Sophocle (poète)
- –480 à –406 Euripide (poète)
- –445 à –385 Aristophane (poète)
- –490 à –425 Hérodote (historien)
- –460 à –385 Thucydide (historien)
- –427 à –355 Xénophon (historien et moraliste)

Sculpture et peinture au Ve siècle

Myron
Polyclète
Zeuxis

- –480 ? –431 Phidias, architecte et sculpteur

- –440 à –380 Lysias
- –427 Gorgias à Athènes
- –436 à –338 Isocrate

Philosophie et science

- –470 à –399 **Socrate**
- –460 à –377 Hippocrate (médecin)
- –427 à –347 **Platon**

Les penseurs présocratiques

- –500 à –428 Anaxagore
- –490 à –430 Zénon d'Élée
- –460 à –348 Démocrite
- –483 à –424 Empédocle d'Agrigente

Les cyniques

- –444 à –365 Antisthène

Les sophistes

- Hippias
- –490 ? à –421 Protagoras
- –485 à –376 ? Gorgias
- –460 à –399 Prodicos

410 400 390 380 370 360 350 340 330 320 av. J.-C.

–400 — –348

Hippias Mineur
Ion
Charmide
Lachès
Protagoras
Euthypron
Alcibiade
Apologie de Socrate
Criton

Gorgias
Ménexène
Euthydème
Ménon
Cratyle

Le Banquet
Phédon
La République
Phèdre

Théétète
Parménide
Le Sophiste
Le Politique

Philèbe
Timée
Les Lois

Domination de Sparte — **Dom. de Thèbes** — **Dom. de la Macédoine** — **Empire d'Alexandre**

–404 — –371 — –362 — –336 — –323

● –404 à –403
Tyrannie des Trente

–359 à –336 ●
Règne de Philippe

–331 ●
Fondation d'Alexandrie

–404

–362 ●
Bataille de Mantinée

–338 ●
Bataille de Chéronée

● –404
Capitulation d'Athènes

● –371
Épaminondas et Pélopidas
victorieux de Sparte à Leuctres

–387 ●
Paix d'Antalcidas (avec les Perses)

–327 ●
Alexandre en Inde

● –392 à –340
Ménandre (auteur comique)

● Praxitèle et Lysippe : **sculpteurs du IVᵉ siècle**

Rhéteurs des Vᵉ et IVᵉ siècles

–390 à –314 ●
Eschine

● –384 à –322
Démosthène

● –406 à –355
Eudoxe (astronome)

● –413 à –323
Diogène

● –387
Fondation de l'Académie

● –384 à –322
Aristote, disciple de l'Académie, fonde le Lycée

REPÈRES BIOGRAPHIQUES[1]

Platon est né en 428 av. J.-C., issu d'un milieu aristocratique, puisque son père aurait été de la lignée du dernier roi d'Athènes, Codros, et sa mère, Périctionè, appartenait également à une famille dont les ancêtres auraient occupé, au VIIe siècle, les plus hautes fonctions dans la cité. Le jeune Platon reçut une éducation digne de son milieu, et aurait brillé tant en gymnastique qu'en musique, les deux piliers de l'éducation athénienne. Sa position sociale le destinait à se distinguer dans la vie politique, si deux événements ne l'en avaient détourné : le premier est l'échec de la tyrannie des Trente (de 404 à 403 av. J. -C), le second est la mort de Socrate en 399 av. J.-C.

Platon était, comme les gens du parti aristocratique à Athènes, un admirateur du régime spartiate (ou lacédémonien) : le régime à Sparte était oligarchique (c'est-à-dire que le gouvernement de la cité revenait à une élite composée des plus anciens, issus eux-mêmes des plus anciennes familles) ; ce régime était entièrement tourné vers la guerre ; les garçons, retirés tôt de leurs familles, étaient pris en charge par des jeunes gens plus âgés pour recevoir une formation sportive et militaire rigoureuse. Les citoyens étaient ainsi entièrement éduqués à défendre leur cité. Athènes, en revanche, ouverte sur la mer et les échanges, plus riche que Sparte enfermée dans ses terres au cœur du Péloponnèse, développa des institutions démocratiques qui ont fini par faire du peuple le conducteur de la vie politique de la cité. Ces institutions, aux yeux d'un aristocrate comme Platon, permettaient le triomphe des ignorants et favorisaient un climat de liberté et d'insouciance peu favorable au développement de la vertu civique.

Le jeune Platon grandit quand la gloire d'Athènes était sur son déclin. Les guerres médiques avaient consacré la puissance d'Athènes, principale artisane de la victoire sur les Perses. La cité athénienne, sous l'influence de son stratège en chef Périclès (de 449 à 429 av. J.-C.), exerça une véritable politique impérialiste à l'égard des cités alliées (réunies depuis 476 av. J.-C. dans la ligue de Délos). Certaines de ces cités se

1. Ce chapitre, rédigé par Bernard Piettre, est extrait du *Gorgias* de Platon, trad. et analyse B. Piettre, coll. « Classiques et Cie Philosophie », Hatier, 2007.

tournèrent vers Sparte pour contrer la domination d'Athènes. C'est ainsi que la guerre du Péloponnèse fut déclenchée. Au début, le conflit fut favorable à Athènes et ses alliées, se soldant par la paix de Nicias (421 av. J.-C.) ; mais après, entre autres, la désastreuse expédition de Sicile, il tourna en faveur de Sparte et devint fatal à Athènes. Les Spartiates, en 404 av. J.-C., entrèrent dans Athènes en détruisant les longs murs que Thémistocle avait construits au milieu du ve siècle et qui avaient jusqu'alors assuré l'invincibilité de la ville.

Platon s'est réjoui de cette victoire. Elle permit aux hommes du parti pro-spartiate, qui comptaient des proches et des amis de Platon, de renverser la démocratie à Athènes, et de former un gouvernement oligarchique : la tyrannie des Trente. Platon attendait beaucoup de ce gouvernement qui flattait ses sentiments antidémocratiques. Quelle ne fut pas sa déception, quand il vit ce régime se comporter de façon cruelle et sanguinaire ! Et il fut soulagé, comme ses concitoyens, par le retour de la démocratie, à peine un an plus tard (en 403 av. J.-C.). Voilà une déception qui le conduisit à imaginer une réforme radicale de la vie politique, et à penser qu'il n'y a pas de salut possible de la cité en dehors de la philosophie.

Quelques années plus tard, Socrate est traduit devant l'Héliée (tribunal de la cité) pour impiété (il est accusé « de ne pas croire aux dieux de la cité, d'introduire des divinités nouvelles et de corrompre la jeunesse ») ; et il est condamné à boire la ciguë (en 399 av. J.-C.). Platon a vingt-neuf ans. Depuis quelques années, depuis l'âge de vingt ans peut-être, Platon est un fervent admirateur de Socrate, comme d'autres jeunes gens, souvent issus de la jeunesse dorée d'Athènes.

Socrate était un personnage étrange qui mettait dans l'embarras ses interlocuteurs sur des questions essentielles de l'existence, tout en ne prétendant rien savoir. Si je suis plus sage que les autres, c'est simplement, dit-il dans l'*Apologie*, que je sais que je ne sais rien, alors que mes interlocuteurs montrent, quand on les interroge, *a fortiori* quand ils sont des personnages importants dans la cité, qu'ils ne savent rien, tout en croyant savoir. Socrate ouvrit Platon à la philosophie. Elle ne correspondait pas à l'image que s'en faisaient ses détracteurs qui ne la distinguaient pas de la sophistique, cette façon d'accumuler le savoir et de le faire valoir sans se soucier de l'essentiel : l'excellence de la conduite, le bien et la beauté de l'âme. Car Socrate mettait l'accent non sur le savoir des choses extérieures, mais sur la connaissance de soi, du bien de son âme (« connais-toi toi-même »).

Après la mort de Socrate, Platon aurait entrepris de voyager, peut-être en Égypte, plus sûrement en Sicile et dans le sud de l'Italie, où il aurait rencontré des savants issus de cercles pythagoriciens. C'est sans doute aussi après la mort de Socrate que Platon aurait écrit ses premiers dialogues, dans lesquels il met en scène Socrate, comme pour lui rendre hommage. Il fait bientôt de son maître le porte-parole d'une philosophie dont il définit l'orientation dans des dialogues plus ambitieux que ceux de sa jeunesse *(Le Banquet, Phédon, Phèdre, La République)*. Il entreprend de l'enseigner dans une école qu'il fonde en 387 av. J.-C., à son retour à Athènes : l'Académie. Platon, en effet, veut faire de l'Académie une école collégiale de philosophie, peut-être à l'image des cercles pythagoriciens. On y développe un enseignement scientifique diversifié, allant des mathématiques à la médecine... L'Académie accueille en effet des grands mathématiciens : Théodore, Théétète, Eudoxe – qui fut aussi astronome. C'est de ses rangs qu'est issu Aristote qui, après la mort de Platon, fonda une école concurrente, le Lycée.

Platon ne désespère pas pour autant de réconcilier philosophie et politique. Il conçoit même (et rédige dans *La République*) le projet d'une cité idéale, gouvernée par des philosophes et protégée par des « gardiens » vertueux. Les gardiens, indifféremment hommes ou femmes, seraient sélectionnés à la naissance et au terme d'une éducation musicale et sportive reçue en communauté, loin de toute vie familiale qui détourne le citoyen de la cité. Les philosophes, quant à eux, seraient sélectionnés parmi les gardiens et au terme d'une éducation intellectuelle fondée sur les mathématiques et la dialectique.

Mieux, Platon a caressé l'espoir de voir concrètement un jour un roi-philosophe à la tête d'un État, grâce à son ami Dion, disciple de l'Académie. Celui-ci était en effet le cousin et le beau-frère du tyran Denys de Syracuse ; or Dion réussit à ce que Denys, qui prétendait être épris de philosophie, invitât Platon à sa cour (en 388 av. J.-C.). Mais très vite Denys ne semble guère avoir apprécié l'ombre que lui jetait le philosophe, et Platon dut quitter les lieux au bout de quelques mois. Il regagna Athènes, non sans de nombreuses (mais sans doute légendaires) péripéties. Quelques années après, Denys mourut, et son fils lui succéda. Dion était convaincu que le jeune tyran, qui était alors son beau-frère, était encore plus attiré par la philosophie que son père, et sans doute plus malléable que lui. Et il réussit à persuader Platon de revenir en Sicile (en 366 av. J.-C.). Mais ce voyage à son tour tourna court. Platon fut renvoyé, et Dion fut chassé de Syracuse, et ses biens confisqués. Et malgré cet échec, Platon fut réinvité par Denys, se disant plus avide que jamais de philosophie. Platon fut pressé par Dion, resté en exil, d'accepter. Mais le troisième voyage (en 360 av. J.-C.) se solda encore par un échec. Platon eut grand-peine à s'enfuir de la cage dorée dans laquelle le jeune Denys le maintenait, pour rejoindre Athènes.

Les rêves de réconciliation entre le pouvoir politique et la philosophie n'ont donc jamais été réalisés du vivant de Platon. Il continua jusqu'à la fin de sa vie à enseigner et à écrire ; ses dialogues des années 460 av. J.-C., *Théétète, Parménide*, le *Sophiste*, le *Politique*, consacrent des recherches philosophiques toujours plus pointues ; et les dernières années de son enseignement révèlent un intérêt toujours croissant pour les mathématiques, comme en témoigne un de ses derniers dialogues, le *Timée*, où Platon présente sa cosmologie mathématique, dont l'influence fut considérable à travers tout le Moyen Âge. Enfin, il revient dans les *Lois* – œuvre de sa vieillesse – sur les conditions philosophiques d'une cité juste.

Platon meurt en 348 av. J.-C. à quatre-vingts ans, en laissant une œuvre fameuse dès son vivant, vouée à la postérité que l'on connaît, et une école riche et vivante – l'Académie – dont les portes ne fermèrent qu'au VIe siècle apr. J.-C.

THÈMES ET PROBLÉMATIQUES

LA SINGULARITÉ DE L'ŒUVRE

De toutes les œuvres platoniciennes, *Le Banquet* est certainement l'une des plus justement célèbres et des plus singulières pour bien des raisons enchevêtrées. Il faut les démêler pour mieux les goûter. Sous les dehors d'une verve amusante et d'une libre improvisation autour de joyeux propos de table, sous les dehors d'une compétition d'éloquence au service du dieu Éros, se dessine une très savante composition. Servie par l'inventive variété des styles et des propos, elle guide peu à peu le lecteur, comme par degrés, de l'anecdote plaisante à la suggestion d'un sens, de la description d'un banquet à une réflexion sur l'amour, de celle-ci à la juste compréhension de cet amour de la sagesse qu'est la philosophie.

Dans cette perspective, le livre tout entier constitue cette initiation philosophique que décrit en son centre l'étrangère Diotime, initiation amoureuse qui, progressivement menée, peut conduire à enfanter de beaux discours et à la suprême révélation. Mais, pour accéder à cette révélation, il faut d'abord sortir de la stéréotypie des opinions toutes faites et des péremptoires certitudes, sortir aussi de l'emprise sensible des plaisirs accoutumés. C'est exactement ce que le texte aide à faire par des déplacements, par des ruptures de ton qui creusent des écarts dans la liesse commune du banquet, par de subtils paradoxes qui fissurent l'évidence partagée des préjugés.

LE RITUEL DU BANQUET

Pour les Grecs, les banquets constituaient un temps fort de la sociabilité : ils étaient souvent offerts par (et pour) le héros du jour qu'il s'agissait de fêter. Les femmes en étaient exclues, à l'exception de quelques instrumentistes ou danseuses qui ne pouvaient être que des esclaves. Après un repas pris en commun *(deipnon)*, les convives, étendus sur des lits disposés en cercle, faisaient des libations aux dieux et buvaient ensemble, tout en accomplissant le programme fixé par un chef de banquet : chanter ou parler jusqu'à l'aube *(sumposion)*.

Sur tous ces points, le texte semble d'abord s'inscrire dans la tradition. Le banquet est donné en 416 av. J.-C.[1] pour célébrer la première victoire (déjà bien arrosée la veille) du jeune poète tragique Agathon. Autour de l'hôte, parmi d'autres dont les noms ne seront pas mentionnés, sont allongés Phèdre de Myrrhinonte[2], Pausanias, le médecin Éryximaque[3], le grand poète comique Aristophane[4], Aristodème le témoin qui relate cette mémorable soirée, et Socrate. Une joueuse d'*aulos* est à la disposition des convives. Ils la renverront pour mieux discuter jusqu'au petit matin, après avoir pris la décision de célébrer le dieu Éros, chacun à son tour et en allant vers la droite. Phèdre, à qui revient la paternité du sujet, commencera ; lui succéderont Pausanias, Éryximaque, Aristophane qui avait momentanément passé son tour en raison d'un hoquet, Agathon, et Socrate qui rapportera les paroles de Diotime. Puis surviendra le brillant et ambitieux Alcibiade ; dans la sincérité de l'ivresse, il procédera à un magnifique éloge de Socrate. Enfin, une bande de fêtards avinés mettra fin à la belle ordonnance des propos (223b).

UN BANQUET FAUSSEMENT TRADITIONNEL

Dans cette description enjouée d'un banquet grec, l'attention est pourtant attirée par quelques écarts vis-à-vis des pratiques coutumières.

Ainsi, les mets de ce banquet-ci n'ont guère d'intérêt, Socrate d'ailleurs n'arrivera qu'à la moitié du dîner (175c) ; les boissons en ont à peine plus : au lieu de la « beuverie » attendue, les convives décident de ne boire que « selon leur plaisir » (176e). L'appétit n'est donc réellement requis que pour les discours.

Par ailleurs, parmi les convives assemblés s'élève la voix d'une femme qui n'est ni esclave ni instrumentiste, mais présentée comme une

1. Plusieurs allusions sont faites dans le texte à des événements historiques ultérieurs (178a-179a, 182b, 193a) ; elles obligent à situer la date de composition du dialogue beaucoup plus tard (vraisemblablement un peu avant 375 av. J.-C.). Luc Brisson fait clairement le point sur cette question (*Le Banquet*, GF-Flammarion, 1998). \ **2.** Il donne son nom à un dialogue de Platon *(Phèdre)* et il est présent aussi dans le *Protagoras*. \ **3.** Ces trois premiers personnages sont présents dans le *Protagoras*. \ **4.** À l'époque, son talent était déjà pleinement reconnu et il avait surtout déjà composé la pièce *Les Nuées* (423 av. J.-C.), où il ridiculise Socrate. Il est donc remarquable que Platon lui donne l'hospitalité dans ce dialogue, on aura l'occasion d'y revenir.

prêtresse[1]. C'est en tout cas une femme fort savante et l'interlocutrice virtuelle du philosophe puisqu'elle surgit dans son discours pour dialoguer avec lui. Comme elle est physiquement absente, les convenances paraissent respectées, pourtant son évocation insistante est troublante, d'autant que Socrate rapporte ses propos, parce que, dit-il, elle lui « a enseigné les choses de l'amour » (201d). Or, dans le contexte culturel du texte, il est au moins singulier que ce soit une femme qui initie aux beautés de l'amour.

La société grecque considérait, en effet, la femme comme un être inférieur sur tous les plans (économique, social, politique) et la tenait enfermée dans le gynécée[2]. En conséquence, l'homosexualité masculine avait une autre place et un autre sens qu'aujourd'hui. Admise, voire valorisée, elle pouvait d'une part coexister avec une relation hétérosexuelle (indispensable pour assurer une filiation). D'autre part, elle pouvait jouer un rôle social en prenant la forme temporaire de la *paiderastia* essentiellement asymétrique : l'homme mûr *(erastês)* veillait à mener à son terme l'éducation de son jeune[3] bien-aimé *(eromenos)* et à lui faciliter l'entrée dans la vie publique. Les convives du *Banquet* témoignent de cette réalité sociale, tant dans leurs positions respectives (de notoriété publique, le bel Agathon est *l'eromenos* de Pausanias, 193b) que dans leurs actes (Alcibiade avoue avoir tenté de séduire Socrate pour en faire son *erastês*), ou encore dans leurs discours qui évoquent ou célèbrent ouvertement l'homosexualité. On mesure dès lors à quel point, même virtuelle, l'apparition de Diotime est inattendue dans ce banquet d'hommes qui procèdent à l'éloge de l'amour et qui, pour la plupart, privilégient l'amour homosexuel. On s'attachera donc à comprendre les raisons de cet écart vis-à-vis de la norme communément acceptée de l'époque.

Mais auparavant, il faut relever un autre écart signifiant. Si Agathon est le héros du jour, il est loin d'être au centre de la fête. D'une part, il n'en

---

1. Luc Brisson fait remarquer (*op. cit.*, p. 28) que son nom pourrait signifier « honorée par Zeus » et que la ville de Mantinée (qui a bien existé, *cf.* note 2, p. 44) aurait pu être choisie en vertu de sa proximité linguistique avec *mantis*, le devin. J'ajoute que Socrate souligne explicitement que Diotime parle comme un devin (206b). Cela invite à penser que l'éventuelle existence du personnage (fort controversée) importe moins que la fonction décisive qu'elle revêt dans le dialogue et sur laquelle nous reviendrons (*cf. infra*, p. 127 *sqq.*). \ **2.** L'appartement des femmes. \ **3.** L'aimé, le *pais*, avait entre douze et dix-huit ans environ.

est pas le meneur et d'ailleurs aucun chef de banquet n'a été élu contrairement à l'usage. Les rôles sont ici brouillés : certes, Éryximaque propose de discourir sur l'amour, mais l'idée est de Phèdre qui, de fait, semble assumer la fonction d'un président de séance (194d) ; du moins jusqu'à l'irruption tonitruante d'Alcibiade qui se choisit lui-même pour roi du banquet (213e). Qu'il n'y ait pas de « chef » de programme est sans doute déjà un indice du sens de ce banquet atypique : il s'agira moins d'y obéir à un rite que de se mettre librement en quête de vérité. D'autre part et surtout, le lecteur ne peut manquer de s'apercevoir que Socrate en est le vrai centre à tous points de vue. Si son discours se situe au beau milieu de l'œuvre, il n'est pas abusif de penser que sa figure la domine en totalité.

UN INSOLITE PERSONNAGE, SOCRATE

Avant même qu'il n'apparaisse directement, le prologue esquisse doublement son portrait, d'abord par la passion que lui porte le témoin Aristodème (173b) et par l'attachement fervent dont témoigne le narrateur Apollodore, qui se « soucie chaque jour de savoir ce qu'il dit ou ce qu'il fait » (172e) au point de passer pour fou *(manikos*[1]*)* aux yeux des autres (173d), ensuite par une anecdote liminaire.

Socrate s'est fait beau et s'est mis en route pour se rendre chez Agathon ; il a invité Aristodème à le suivre, à le précéder en fait. Car le philosophe s'est arrêté en chemin, attentif à ses seules pensées. Il demeure indifférent aux appels de l'esclave, mandé pour le ramener par l'hôte étonné de ce comportement bizarre. Aristodème doit le tranquilliser en lui répétant que c'est une des habitudes de Socrate de s'immobiliser ainsi n'importe où, à l'écart *(a-topos*[2]*)*. La moitié du repas s'achèvera avant qu'il ne sorte de cet état de concentration pour les rejoindre. Agathon ne doute pas alors que ce soit parce qu'il a fait quelque trouvaille de sagesse et il espère en profiter en le plaçant à ses côtés (175c-d). Mais sa place (son *topos*) importe peu et tout le banquet se déroulera désormais sous l'égide de Socrate, dans la perspective de cet étrange rapport au savoir que le prologue laissait entrevoir.

---

1. L'adjectif annonce le thème de la *mania*, *cf.* Thèmes et problématiques, p. 132 *sqq.* \ **2.** Le terme (composé de la particule privative « a » et du mot *topos*, le lieu) signifie littéralement « hors de son lieu » et par extension « étrange, insolite, extravagant » ; l'atopie caractérise Socrate. *Cf.* Glossaire : Atopie, p. 141.

De même, c'est l'œuvre tout entière qui déploiera cette extraordinaire singularité, cette *atopie*, qui caractérise le personnage et que tous reconnaissent. À trois reprises est soulignée son exceptionnelle résistance à l'alcool et à la fatigue – qu'il boive ou non, modérément ou immodérément jusqu'au petit matin, ne l'affecte en rien (176c, 214a, 220a). L'éloge vibrant d'Alcibiade déploie toute l'ampleur et l'étendue de cette exceptionnelle résistance. En effet, si le nouveau convive peut témoigner de la remarquable endurance du philosophe dans les plus rudes conditions physiques (le gel ou le jeûne obligé, 220a-b), ou de son sang-froid dans les pires combats (220e-221c), ce qui force davantage encore son admiration est la fermeté morale dont Socrate ne se départit jamais au quotidien et même devant les plus aimables tentations – le jeune homme le sait assez à ses dépens, ayant tenté de le séduire sans y parvenir (217-219). Et cette même *atopie* qui étonnait Agathon attendant que son invité les rejoigne, Alcibiade la réaffirme en relatant comment Socrate, à Potidée, sut rester une pleine journée et une nuit entière, immobile, concentré sur ses seules pensées, indifférent à la chaleur du jour, à la fraîcheur de la nuit, à la fatigue, hors du temps et des exigences de son corps (220cd). Comme le prologue le suggérait, il s'agit donc bien d'une habitude socratique. Aussi, contrairement aux soldats assemblés à Potidée pour surveiller en badauds le curieux phénomène, on doit résolument penser que cette quasi-extase ne survient ni à l'improviste ni par hasard, mais qu'elle relève d'un exercice volontaire et d'une force d'âme – le récit le confirme : « comme il n'avançait pas, il ne voulait pas abandonner et restait là à chercher ».

Socrate est donc *atopique* aux dires d'Alcibiade, qui le qualifie ainsi deux fois et emprunte en conséquence le détour des comparaisons pour mieux le décrire, on y reviendra. C'est le plus *atopique* des hommes *(atopôtatos)*, dira même Phèdre dans le dialogue qui porte son nom[1], et Socrate reprend à son tour l'épithète[2]. Superlative ou non, son *atopie* étonne et surprend ; elle peut aussi déranger – « les soldats le regardaient de travers, pensant qu'il les bravait », rappelle Alcibiade (220c). Elle peut irriter et encore perturber. Un tel comportement inclassable est vite jugé menaçant pour la cité, et l'on comprend mieux dès lors

1. *Phèdre*, 230c. \ **2.** *Théétète*, 149a : « On prétend que je suis le plus déroutant *(atopos)* des hommes et que je ne fais que mettre les outres dans l'embarras. » Trad. L. Robin, coll. « Bibliothèque de la Pléiade », Gallimard, 1950.

que le tribunal athénien ait condamné ce déroutant personnage. Dans l'*Apologie de Socrate*, Platon l'a défendu contre les accusations portées. *Le Banquet*, à sa manière, prolonge cette réhabilitation du philosophe – ce qui pourrait expliquer la présence d'Aristophane qui ridiculisa Socrate dans une de ses comédies, *Les Nuées*.

Mais ici, la perspective est plus large ; car il s'agit moins de défendre Socrate d'éventuelles accusations que d'exalter sa singulière personnalité, sa force d'âme et sa vaillance, de témoigner du choc émotif qu'il suscite chez ceux qui l'entourent (Apollodore, Aristodème, Alcibiade et, à travers eux, sans doute Platon). Le véritable enjeu du texte est de montrer ainsi combien l'amour qu'éveille cet homme dont tous reconnaissent la laideur (un vrai silène[1], dit Alcibiade) est intrinsèquement philosophique et, réciproquement, combien la philosophie ne saurait se définir que dans cette tension qui entraîne au-delà du sensible et du physique dans l'amour des belles pensées.

Le Banquet réalise ce triple éloge de l'atopie socratique, de l'amour et de la philosophie. Aussi, pour procéder à un tel éloge, l'œuvre elle-même ne pouvait-elle être que singulière.

UN ÉCRIT PROTÉIFORME ET INCLASSABLE

Contrairement à d'autres textes de Platon, *Le Banquet* n'est pas un dialogue. S'il en comporte quelques-uns (entre Agathon et Socrate, entre Socrate et Diotime, entre Alcibiade et Socrate), il est pour sa majeure partie constitué de monologues successifs. Cela pourrait sembler fastidieux et rhapsodique, il n'en est rien. Au contraire, le charme littéraire de l'œuvre tient pour une bonne part à cet apparent défaut.

Et de fait, comment s'ennuyer lorsqu'on assiste à cette étrange pièce où défilent rhéteur, médecin, poètes (tragique et comique), sophiste, homme politique et philosophe ? À ce catalogue à la Prévert ne manquent ni la prêtresse, ni le fêtard. Les orateurs successifs sont tour à tour présentés et pastichés dans de savoureuses variations stylistiques, irisées de touches

1. Le nom commun « silène » était le nom générique des satyres vieillis (caractérisés par un physique grossier et laid) et des boîtes sculptées à leur effigie. Alcibiade comparera Socrate à l'une de ces boîtes dans lesquelles on préservait des trésors. Le satyre Silène (dont dérive le nom commun) passait pour avoir été élevé par Dionysos.

d'ironie ou de tendresse. On croit entendre l'éloge plein d'érudition livresque d'un Phèdre dont on devine le naïf enthousiasme pour la rhétorique et la mythologie, le plaidoyer quasi sociologique de Pausanias pour une homosexualité bien comprise, la docte science du médecin Éryximaque, l'assurance un peu vaniteuse et creuse du poète lauréat, Agathon, qui truffe son discours de jeux de mots et de citations. On ne se contente pas d'assister à ces joutes et jeux littéraires, on se laisse plus encore entraîner par la beauté du mythe qu'évoque Aristophane, on accueille avec respect le discours de Diotime retraçant une quête mystique, on se réjouit de l'amoureuse franchise d'Alcibiade, de ses propos d'homme ivre qui dessinent un portrait de Socrate d'une étonnante présence.

La variété des niveaux de discours et des orateurs a largement contribué à la longue postérité de ce texte foisonnant, chaque époque ou chaque lecteur privilégiant tel ou tel aspect du texte et y découpant des morceaux d'anthologie. Ainsi *Le Banquet* s'est souvent démultiplié en trois œuvres distinctes, certains ne retenant que la poétique proposition d'Aristophane, d'autres le superbe jeu de portrait que propose Alcibiade et notamment l'image d'un Socrate en silène, tandis que d'autres encore ne voudraient lire que les discours de Socrate et de Diotime pour en saisir la quintessence philosophique.

De telles lectures risquent de se faire au détriment de l'œuvre ; avec un art consommé, celle-ci tisse pourtant cette diversité dans une construction rigoureuse qui repose sur de subtils échos et renvois – on a déjà indiqué, par exemple, que le leitmotiv de *l'atopie* socratique, esquissé dans le prologue, était repris et amplifié dans le dernier des discours, celui d'Alcibiade. On ne pourra pleinement appréhender la force et l'unité de cette composition qu'au terme du parcours ; mais d'ores et déjà, on peut mettre en évidence quelques-unes de ses dimensions.

DE SAVANTS EMBOÎTEMENTS

Dans cette perspective, il faut prêter attention au fait que le texte ne cesse de se dédoubler[1]. Le prologue indique déjà qu'il va s'agir d'une

1. Jean-François Mattéi met an valeur la structure complexe de ce texte qui repose sur un jeu d'emboîtements et de dédoublements ; il souligne la dimension spéculaire et circulaire de la construction (« Éros et le mythe de l'amour », *Platon et le miroir du mythe*, PUF, 1996).

narration de narration, puisque Apollodore s'apprête à relater à ceux qui l'entourent le récit que lui fit Aristodème des discours qu'il entendit lui-même, or il le fait pour corriger une première narration indirecte trop imprécise (172b).

Ce premier emboîtement projette une double lumière sur le texte qu'il enchâsse. D'une part, il sollicite la vigilance du lecteur puisque ce nouveau récit peut derechef être imparfait et lacunaire, d'autant qu'il est doublement rapporté et qu'il s'accuse explicitement de quelques oublis (178a, 180c, 223d). L'aveu réitéré souligne à son tour qu'il ne faut pas trop vite se laisser bercer par l'apparente facilité des propos tenus. D'autre part, cet emboîtement est aussi celui des fervents disciples de Socrate – Apollodore, qui s'attache à le suivre quotidiennement depuis trois ans, et Aristodème, un des ses amoureux les plus passionnés. On devine donc que les oublis éventuels épargneront les questions philosophiques, tandis que le thème de l'amour et de la passion philosophique se dessine en filigrane. Le motif, à peine esquissé ici, sera tramé tout au long de la composition de l'œuvre et s'épanouira, en conclusion, dans la déclaration amoureuse d'Alcibiade.

Or cet emboîtement liminaire se redouble d'un autre au cœur de l'ouvrage, puisque le discours de Socrate en propose un deuxième et s'ouvre sur les propos de Diotime. Une telle structure ne saurait être accidentelle, dans la mesure où elle sertit le discours de celle qui trace le chemin de l'initiation amoureuse.

Ici encore, l'éloge final d'Alcibiade noue les fils de la composition et leur donne une pleine visibilité. Il livre la clef de ces dédoublements permanents, lorsqu'en amoureux, il compare Socrate à un silène, une de ces boîtes qui cachent, sous leur couvercle à l'effigie du grossier satyre, une statue divine *(agalma)*.

À l'image de Socrate et de dédoublements en dédoublements, le lecteur est donc invité à ouvrir de lui-même des silènes emboîtés les uns dans les autres ; ainsi seulement pourra-t-il commencer d'entr'apercevoir l'éblouissante beauté d'un trésor qu'il ne soupçonnait pas. C'est bien le sens de tout le texte. La laideur physique de Socrate recèle la sagesse du philosophe, ses propos familiers et bizarres, un sens profond. La gaîté de bon aloi du convive ne doit masquer ni la puissance de son discours ni l'élan qui le meut pour s'arracher aux plaisirs sensibles et accéder à la seule réalité des beautés intelligibles. Il s'agit là aussi de dépasser l'apparence pour chercher au-delà d'elle ce qui importe. Et ces lacunes dans le récit, dont semblent répétitivement s'excuser Apollodore et Aristodème, peuvent alors s'interpréter comme un avertissement de l'écrivain Platon à son lecteur. Il ne faut pas s'attacher aux contingences anecdotiques mais porter son regard au-delà vers le trésor qu'on devine caché. C'est pour mieux l'appréhender que Socrate, immobile, concentré, néglige ce qu'il était en train de faire.

Cette composition en abyme indique donc qu'il ne s'agit fondamentalement ni de relater un banquet, ni de savoir ce que tel ou tel a pu dire, ni de dresser des tableaux mondains des uns et des autres, mais d'ouvrir ces boîtes successives pour y chercher la vérité. L'œuvre manifeste alors son unité puissante.

DES ÉLOGES DE L'AMOUR À LA QUÊTE DU VRAI

La même unité est à l'œuvre derrière l'apparente variété des discours que l'on va entendre. Après le dédoublement liminaire des narrateurs, après le premier portrait de Socrate plongé dans ses pensées au point d'en oublier le banquet, on découvre un décor qui témoigne aussi de ce décalage entre l'immédiateté sensible et la recherche de l'intelligible[1]. Ayant trop bu la veille, les convives, sous la houlette d'Éryximaque, le médecin, ont décidé de se consacrer à d'autres plaisirs : célébrer l'Amour, déguster des propos et goûter l'ivresse supérieure des discours.

LA RONDE DES CONVIVES, UNE JOUTE ORATOIRE

Les cinq premiers orateurs vont s'acquitter de leur tâche dans des variations réjouissantes, tant les styles et les contenus diffèrent, comme on l'a dit. Chacun veut prononcer l'éloge le plus admirable et cherche à l'emporter ; mais, par-delà cette amicale rivalité, ils se ressemblent plus qu'ils ne diffèrent et la succession des discours est moins bigarrée qu'il n'y paraît. Phèdre commence : l'Amour est le plus

---

1. Cette opposition entre le sensible et l'intelligible est fondamentale dans la philosophie platonicienne. *Cf.* Glossaire, p. 143.

ancien des dieux, le plus vénérable et le plus puissant. Pausanias répond que l'Amour est inséparable d'Aphrodite ; or il y a deux Aphrodite, l'une vulgaire, l'autre céleste. Il y a donc deux amours, : le premier mérite la réprobation parce qu'il entraîne un véritable esclavage sensuel ; le second mérite les éloges parce qu'il s'attache à l'âme et non au seul corps de l'aimé, il est noble alors d'y céder. Aristophane, pris de hoquet, laisse son tour de parole à Éryximaque, non sans lui demander un remède. Le médecin s'exécute. À la suite de l'orateur précédent, il admet qu'il y a deux amours mais prétend que leur puissance s'étend bien au-delà des seules relations humaines ; il défend la nécessité d'une conciliation entre ces amours et vante les bienfaits d'une harmonie dans la tempérance réglée. Aristophane, recouvrant la parole, décrit alors l'origine et l'essence de l'Amour. Selon un beau mythe, l'humanité primitive était faite d'êtres doubles en tout. Chaque paire se présentait comme une sphère, laquelle pouvait être masculine, féminine ou androgyne, c'est-à-dire composée de deux hommes, de deux femmes ou d'un homme et d'une femme. Elles étaient d'une terrible force et en conçurent un si grand orgueil qu'elles s'attaquèrent aux dieux. Ils les châtièrent en les coupant en deux. Depuis, chacun cherche sa « moitié » pour s'y joindre. Éros permet donc que se reconstitue partiellement la totalité perdue en nous guidant vers qui nous correspond (193c). Pour Agathon, ce n'est pas le célébrer justement que de lui prêter de tels traits ; aussi prétend-il décrire sa vraie nature, sa beauté, son excellence et ses vertus : c'est le plus jeune des dieux, le plus magnifique et le père de toutes nos trouvailles. Tous l'applaudissent ébaubis.

Hormis le discours d'Aristophane doublement singulier – par l'ordre (son hoquet interrompt le tour obligé) et le contenu (il souligne que l'amour est désir et manque), nous reviendrons sur ces points —, les convives ont exalté l'Amour par paire symétrique[1]. Phèdre en a fait le plus vieux des dieux, Agathon, le plus jeune. Pausanias a célébré deux dieux opposés, Éryximaque, deux dieux complémentaires. Tous ont reconnu sa divinité, chanté sa force et ses vertus, jusqu'à le faire de manière superlative. L'ordre du jour paraît épuisé ; pourtant la ronde des convives ne l'est pas, il en reste un et non des moindres : Socrate.

---

1. Comme le fait remarquer Luc Brisson (*op. cit.* p. 39).

COMPLIMENTS, REFUS ET RÉFUTATIONS

Socrate se déclare pétrifié par la splendeur du discours d'Agathon (198c). La modestie de sa déclaration est une manière de refuser la forme imposée : la surenchère des qualificatifs et ces ripostes polémiques qui couplent les propos dans le souci de l'emporter rhétoriquement. Pour la beauté de l'éloge, les interlocuteurs font semblant de qualifier l'amour sans chercher à établir sa vraie nature (quoiqu'en dise Agathon). Pour la gloire de triompher, ils se combattent (sauf Aristophane) sans chercher à approfondir davantage. L'embarras déclaré de Socrate annonce donc aussi une exigence : reprendre la parole, non pour triompher des rivaux, non pour méduser un auditoire et le changer en pierre, mais pour mobiliser les uns et les autres dans une recherche d'essence.

À la fin de cette première partie, l'enjeu s'est donc déplacé. Les convives solidaires avaient refusé de se livrer à une concurrence épuisante dans la consommation de boisson où Socrate seul aurait su résister. Ils se sont donc proposés d'échanger des discours. Or, là encore, Socrate se met hors compétition. Sous couvert de compliments, il semble même comparer l'auditoire médusé au fêtard hébété ; il y a une mauvaise ivresse dans les deux cas, dans les deux cas une perte de la parole authentique. Il manifeste encore son *atopie*, au sens propre du terme. Sa situation dans la pièce (son *topos*) ne le définit pas. S'il parle, ce n'est ni pour tenir son rang dans cette joute verbale, ni pour clore la compétition engagée. Il s'agit plutôt de vivifier la parole en la libérant. Aussi rompt-il cette ronde des discours et, pour « ne dire rien d'autre que la vérité » (199a), il substitue à la péroraison le dialogue : un premier avec Agathon puis, en abyme, un autre où il dialoguera avec Diotime.

Pressant d'abord son hôte de questions, il le soumet à l'*elenchos*[1], cet entretien réfutatif qui amène l'interlocuteur à une contradiction telle qu'il est forcé d'abandonner sa première affirmation. Socrate l'oblige ainsi à reconnaître successivement que si l'amour est relatif à quelque chose dont il manque et qu'il désire, et s'il est amour du beau et du bien, il ne saurait être lui-même doté de ce qu'il désire, et n'est donc ni beau ni bon, contrairement à l'éloge qu'Agathon venait d'en faire.

---

1. *Cf.* Glossaire, p. 143.

Ce dernier le concède, poliment mais du bout des lèvres (« Je ne saurais te contredire, Socrate ; alors disons que ce que tu dis est vrai », 201c). Aussi, pour le ménager, Socrate prétend avoir subi lui-même la réfutation qu'il vient de lui infliger, de la part de Diotime, femme très « savante en cette matière et en beaucoup d'autres », au point d'avoir su repousser durant dix ans le fléau de la peste. Or elle lui « démontrait en utilisant les arguments dont j'ai usé avec lui, qu'il [Éros] n'était ni beau comme je l'avais dit, ni bon » (201d). L'honneur d'Agathon est sauf. Pourtant la réfutation se poursuit : Diotime oblige Socrate à admettre que l'amour ne saurait être un dieu puisqu'il ne possède pas les qualités qu'il désire. À la différence d'Agathon, Socrate admet volontiers[1] que tous les éloges faits jusqu'à présent étaient fallacieux. Avide de savoir, il demande à être instruit de la nature de l'amour.

LE DISCOURS DE DIOTIME

Diotime parle donc, non pour décrire l'apparence de l'Amour, mais pour dire sa réalité effective. L'Amour n'est pas un dieu mais un être intermédiaire entre les dieux et les hommes, un démon *(daimon[2])*. Né de la ruse de *Pénia* (Pauvreté) qui profita de l'ivresse de *Poros* (Expédient), endormi dans le jardin de Zeus à la suite du banquet donné pour la naissance d'Aphrodite. Il tient de sa mère le dénuement et la rudesse, de son père l'habileté des inventions, l'ardeur et la vaillance. Aussi est-ce un pauvre vagabond toujours en chemin et en quête, mais aussi un chasseur prêt à tramer des ruses redoutables pour arriver à ses fins. Les superlatifs ne conviennent guère à sa nature médiane. Les précédents orateurs le paraient des grâces de l'être aimé, mais l'Amour manque précisément de ces grâces qu'il désire et vers lesquelles il tend. Intermédiaire dynamique entre le manque douloureux et la plénitude de la possession convoitée, il est toujours amour de quelque chose.

---

1. C'est un trait habituel du caractère de Socrate que de manifester autant de plaisir à réfuter qu'à être réfuté (*cf. Gorgias*, 470c). Ce qui l'intéresse n'est pas de remporter une victoire sur l'autre, mais de mettre au jour la vérité. \ **2.** *Cf.* Glossaire, p. 142.

L'AMOUR PHILOSOPHE

Intermédiaire entre les mortels et les dieux, entre le sensible et l'intelligible, entre l'ignorance et le savoir, il est philosophe, c'est-à-dire amoureux *(philos)* de cette sagesse *(sophia)* à laquelle il aspire. Les dieux, qui la possèdent, ne sont pas philosophes ; celui qui ignore tout ne peut l'être non plus, puisqu'il n'en a nulle conscience et n'éprouve nul besoin. Pour philosopher, il faut donc être dans cet écart douloureux que crée le manque et la tension désirante (être le fils de *Penia*) ; il faut aussi tendre de toutes ses forces vers la réalisation de l'exigence pressentie (chercher un recours auprès de *Poros*).

Cette affirmation décisive signe à la fois la spécificité de la pensée platonicienne et la puissance de construction du texte. Le philosophe se trouve, d'abord et désormais, redéfini comme amoureux, philo-sophe. Il faut en tirer toutes les conséquences ; il est celui qui reconnaît manquer de ce qu'il désire et se définit dès lors par cette quête et ce dénuement. Dans les œuvres de Platon, Socrate proteste de son ignorance (177e), confesse sans cesse ne rien savoir[1] et plonge ses interlocuteurs dans une *aporie*[2] qu'il partage souvent avec eux. Il représente ainsi l'exact envers de ces sophistes qui prétendent, eux, pouvoir discourir sur n'importe quel sujet et enseigner leur savoir contre de l'argent.

On remarque donc à nouveau la soigneuse construction du texte. Car le discours d'Agathon porte la trace de cet enseignement des sophistes, notamment de l'école de ce Gorgias, « monstre de l'éloquence » qui sait méduser ceux qui l'écoutent[3]. La brillante virtuosité de l'hôte a séduit l'auditoire, mais son éloge est creux. C'est pour cette raison, et non parce qu'il lui succède dans l'ordre des convives ou parce qu'il est

1. Cela constitue même le début de sa défense dans *L'Apologie de Socrate* (21) : sa seule supériorité vis-à-vis des autres est de reconnaître sa propre ignorance. C'est la consciente de cette ignorance qui le pousse à philosopher (*Lysis*, 217a-b, *cf.* aussi *Hippias mineur*, 372a-c, *Alcibiade*, 117-118) ; mais dans la mesure où elle dénonce la prétention des autres, elle lui vaut aussi leur moquerie, leur haine. \ **2.** L'*a-porie* appartient à la même famille sémantique que le mot Poros. Elle se définit précisément par l'impossibilité (a) de trouver un chemin, une ressource (un *poros*) et par l'embarras voire la détresse qui en résulte. L'aporie est une notion capitule dans les textes platoniciens, *cf.* Glossaire : Aporie, p. 141. \ **3.** Ce qui explique que Socrate poursuive son apparent compliment par un jeu de mots qui compare Gorgias à la Gorgone (*cf.* 198c et note 1, p. 51). *Cf.* aussi Glossaire : Sophiste, p. 145.

son invité (ce qui rend son intervention presque inconvenante), que Socrate le soumet à la réfutation. C'est pour l'arracher à ce faux régime de discours, à ce faux savoir et à cette prétention. Mais on sent Agathon réticent ; s'il ne réplique plus, il ne semble pas pour autant convaincu. Aussi faut-il aller plus loin pour mobiliser auditeurs et lecteurs dans cette quête de la sagesse. L'auteur a alors recours à une intervention quasi démiurgique, démonique à tout le moins, puisqu'il s'agit d'évoquer comme intermédiaire entre les convives et le divin, celle qui vient de la « ville de la divination[1] » et initie à la révélation suprême.

Cette intervention de Diotime, à l'intérieur du discours de Socrate, relève d'un sens savant de la composition dramatique et philosophique. Parce que cette étrangère n'est pas physiquement présente, parce que Socrate la désigne comme une experte, parce qu'elle parle comme un devin (206b), son intervention ménage la susceptibilité des précédents orateurs qui pourraient se froisser d'être réfutés. Mais elle oblige surtout à comprendre la juste nature de la quête de la vérité.

Car il ne s'agit ni de remplacer un discours par un autre, ni d'échanger un savoir contre un autre. Ce serait encore prétendre le posséder. C'est l'illusion d'Agathon, celle d'Alcibiade aussi. Or Socrate s'est gentiment moqué du premier qui voulait le faire allonger près de lui pour s'approprier son savoir (175d-e) et il a fermement, mais tout aussi gentiment, refusé les avances du second qui espérait troquer sa propre beauté physique contre la sagesse du philosophe (217-219). La philosophie n'est pas l'objet d'une possession stable dont on pourrait faire commerce. Elle est amour et l'amour est justement incapable de retenir quoi que ce soit. « Ses ressources lui échappent sans cesse » dans un écoulement incessant qui témoigne de la double nature du fils de Poros (le mot désigne initialement une voie d'eau) et de Penia ; l'amour « n'est jamais ni pauvre *(aporei)* ni riche » (203e).

---

1. Elle vient de la ville de Mantinée, terme dans lequel on entend le mot devin, *mantis*, *cf.* note 1, p. 113.

L'INITIATION AMOUREUSE, L'INITIATION PHILOSOPHIQUE

Dans cette perspective, on mesure mieux l'inadéquation des précédentes définitions. L'amour n'est pas le beau, mais le désir de le posséder éternellement. Encore faut-il bien en comprendre le sens, car le désir est imparfaitement assouvi par une possession précaire. À l'extériorité des possessions, il faut préférer la pauvreté d'Éros qui ne sait rien garder pour lui et la vision dynamique d'un devenir, celui d'une fécondation. L'amour avait été défini comme désir de possession éternelle ; il faut le comprendre plutôt comme désir d'immortalité. Le désir n'est pas nostalgie d'une unité perdue, comme le dit Aristophane, mais désir d'engendrement et d'enfantement dans le beau[1]. La pauvreté inhérente à l'amour a pour corollaire sa plénitude et sa surabondance dynamique. Le dénuement devient promesse de don.

La quête amoureuse est donc toujours une quête du beau, mais elle est susceptible de gradations qui mènent du beau sensible au Beau intelligible, de la procréation selon le corps à la création selon l'esprit, du sens le plus banal de l'engendrement physique à l'amour philosophique qui enfante de belles pensées et de belles réflexions. Elle relève d'une initiation méthodiquement menée qui guide des beautés multiples et particulières à la source unique dont toutes participent, l'Idée[2] même du Beau. Diotime décrit cette progressive élévation (210) : de l'amour d'un beau corps à la comparaison avec un autre, jusqu'à l'amour de tous les corps dans lesquels le beau rayonne, de cet amour à celui des belles âmes, puis des belles actions, puis des belles connaissances, jusqu'à la science unique de la Beauté et la vision soudaine de « la Beauté en elle-même » absolue, pure et éternelle.

Vers cette vision tendent tous les efforts déployés dans l'initiation et cette vision est présentée comme une révélation surnaturelle, une *epop-*

---

1. *Cf.* texte (206-207), Diotime prolonge sa propre définition en jouant de quatre termes (*kuô*, *tiktô* désignent respectivement le fait d'être fécond et l'action de mettre au monde ; *gennêsis*, *tokos*, dénomment l'engendrement et l'enfantement des enfants, des produits ou des fruits).
2. On ne doit pas concevoir cette Idée *(eidos)* comme une simple représentation mentale ; elle a une objectivité et une réalité qui dépassent le sujet connaissant qui l'appréhende. La majuscule peut permettre d'éviter cette confusion ; certains commentateurs peuvent préférer le terme français de « Forme » pour éviter qu'on ne l'assimile à la notion d'une « idée » que l'on se fait de quelque chose. *Cf.* Glossaire : Intelligible/Sensible, p. 143.

tie, dans un lexique qui est celui des cultes à mystères. D'après ce que l'on peut en savoir, ils comprenaient deux niveaux d'initiation après les purifications individuelles *(muêsis)* : une initiation aux petits mystères *(teletê)*, puis pour quelques personnes seulement, une initiation aux grands mystères *(epopteia)* – Diotime utilise les trois termes[1]. Mais cette dimension religieuse ne doit pas faire oublier que la vision couronne un processus conduit méthodiquement « par étapes, dans un ordre précis ». Surnaturelle mais méthodiquement acquise, vision soudaine *(exaiphnês)* qui résulte d'un effort ordonné *(ephexês)*, le vocabulaire[2] concilie l'effort persévérant et la soudaineté de la récompense, la lente montée vers la vérité et l'illumination de la révélation.

On songe alors à la délivrance du prisonnier de la caverne que décrit Platon au livre VII de *La République* (514 et *sqq.*). Accoutumé à l'obscurité du sensible, il ne soupçonne même pas l'existence de la réalité intelligible avant d'être libéré de ses chaînes. Il n'y accédera que s'il entreprend de monter par étapes, exerçant progressivement son regard sur les ombres et reflets d'objets réels avant de pouvoir les considérer en eux-mêmes et de pouvoir affronter la lumière éblouissante de la réalité, puis la source même de cette lumière dans une véritable conversion de la vision. L'amour aide à procéder de même et mieux encore. Car les échelons se gravissent dans l'élan du désir et la réticence compréhensible du prisonnier, trop habitué à sa confortable pénombre, est vaincue par l'attente d'une promesse, la douleur de la délivrance par la joie de se sentir fécond.

Pourtant, à trop concéder à l'élan et à l'attente, le désir amoureux peut exiger de s'assouvir au plus vite, au plus bas de l'échelle aussi. Il risque alors de se contenter des plus bas degrés et de méconnaître les beautés incomparables de l'intelligible. C'est pourquoi la parole de Diotime, cette mystérieuse prêtresse, est ici requise.

---

1. *Cf.* texte (210a) et note 1, p. 72. P.-M. Schuhl décrit ces étapes, ainsi que leur dimension psychologique (passage de la terreur à la joie) et visuelle (passage de l'ombre à la lumière), *Essai sur la formation de la pensée grecque*, PUF, 1949, pp. 202-207, ainsi que W. Burkert, *Les Cultes à mystères dans l'Antiquité*, 1987, Les Belles Lettres, 1992. \ **2.** *Cf.* texte (210e) et note 1, p. 73.

RÔLES ET FONCTIONS DE DIOTIME

Il est hautement signifiant que ce soit une étrangère qui tienne un tel discours. Jusqu'alors, la parole se distribuait horizontalement dans l'ordre circonstanciel et apparemment aléatoire (moins qu'il y paraît toutefois, on y reviendra) de la répartition des places. L'extériorité de Diotime brise cette distribution horizontale et invite à une ascension verticale : méthodique investigation de degré en degré, connaissance progressive jusqu'à l'absolu qui l'illumine. Cette illumination est une révélation que redouble l'extériorité de Diotime, révélant elle-même ce trajet aux convives.

Mais son propos insiste aussi sur l'effort et la tension volontaire, la possibilité donc pour chaque convive d'entreprendre la démarche. « Il faut suivre la bonne voie en matière d'amour ou y être conduit par un autre » (211b). Dans *Le Banquet*, elle est cette autre, ce que symbolise sa quadruple étrangeté : elle n'assiste pas au banquet, c'est une femme, une prêtresse, elle vient de Mantinée. Absente, elle surgit dans la parole de Socrate au milieu des convives et arrête leurs faux hommages. Femme, elle interdit qu'ils se satisfassent de leurs habitudes homosexuelles, en évoquant devant eux le registre inattendu de la procréation et de l'enfantement. De la ville des devins, elle tient son vocabulaire et son savoir, elle dévoile la nature démonique de l'amour et incite chacun à l'initiation. Prêtresse de cet étrange culte à mystères, elle permet de suggérer que l'intelligible transcende le sensible et que la continuité de la gradation doit laisser place à la discontinuité de la révélation. Sa parole est donc requise à plus d'un titre et son intervention fait basculer la narration dans un autre registre, psychagogique[1].

La linéarité des évidences sensibles s'ouvre ainsi sur l'emboîtement des paroles, l'ordre des convives s'efface au profit d'une ouverture à l'autre. Contrepoint à l'inertie des convives, elle les invite de toute sa persuasion à commencer cette progressive élévation. Pour autant, une lecture plus attentive permet de comprendre que cette élévation s'amorçait depuis le début du texte et sans attendre sa venue. Tout se passe plutôt comme si le discours de l'étrangère rassemblait les éléments épars des

---

1. La psychagogie est la conduite *(agôgé)* des âmes *(psuché)*.

précédents discours pour les recomposer entre eux et leur donner ainsi une autre portée.

L'ÉLÉVATION PROGRESSIVE DES PROPOS

Phèdre a souligné la valeur éducative de l'amour. Pausanias a indiqué qu'il y avait plusieurs manières d'aimer et que toutes ne se valaient pas. Éryximaque, en élargissant l'analyse à l'univers entier, a mis en valeur la dimension vitale de l'amour. Mais ces trois orateurs ne semblent pas percevoir l'importance de ce qu'ils évoquent et en restent à une superficialité bavarde. Aussi, leurs discours sont-ils assez convenus, au contraire de celui d'Aristophane qui leur succède. Outre son incontestable beauté littéraire, il indique la force irrésistible de l'amour, il souligne aussi la dimension inhérente du désir et la manière dont le manque douloureux peut gouverner l'existence. On sait qu'un hoquet l'a obligé à laisser son tour de parole à Éryximaque : l'anecdote n'est pas seulement destinée à distraire le public et à s'amuser aux dépens du poète comique qui se plaît à décrire les corps ; elle dessine aussi, en mineur et sur le mode drolatique, la rupture de ton qui se produira ultérieurement dans l'intervention de Diotime.

Loin de se venger platement, Platon se montre ainsi d'une subtile générosité avec celui qui ridiculisa Socrate[1] ; il lui prête un des plus beaux discours du texte, un des plus importants aussi par la mise en valeur du manque déchirant qui obsède l'amoureux ; il en fait enfin un tournant décisif dans la construction puisque Agathon ajoutera à cette dimension nouvellement mise en valeur celles, centrales, de la beauté et de la création (197). Cette générosité intellectuelle est également la plus subtile des réponses puisque, ce faisant, Aristophane se verra réfuté à mi-mots (205e) par une prêtresse qui l'initie à une élévation, lui qui dans sa pièce accusait Socrate d'être toujours dans « Les Nuées » ; et lorsqu'il voudra rétorquer (212b), l'arrivée d'Alcibiade lui coupera la parole pour procéder à l'éloge du philosophe. C'est aussi la plus précise des réponses puisque celui-là même qui railla Socrate avec une péremp-

1. Dans sa pièce, *Les Nuées* (*cf.* note 4, p. 112). Sur ce point, on peut se référer à l'article de D. Babut, « Peinture et dépassement de la réalité dans *Le Banquet* de Platon », *Revue des Études anciennes*, n° 82, 1980, pp. 5-29.

toire suffisance, est chargé ici de rendre sensible au manque et au dénuement sans lesquels il n'y a pas de philosophie qui vaille.

Dans tous les cas, ces discours successifs sont très loin d'être de simples ornements décoratifs. Par leurs éclairages contradictoires et morcelés sur l'amour, par leurs vérités partielles et distinctes, ils font naître le désir de chercher au-delà d'eux une définition satisfaisante susceptible de rassembler ce qui paraît sinon contradictoire. Ils invitent donc le lecteur à comparer les propos, à passer de un à deux, puis de deux à plusieurs, puis de plusieurs à l'Idée unique dont tous participent plus ou moins obscurément. Dans cette perspective encore, le discours de Diotime (dans le discours de Socrate) n'est pas un autre discours, mais le discours qui rassemble dans l'intelligibilité d'une appréhension conceptuelle ce que chacun émiettait dans le sensible des apparences.

DU DISCOURS PHILOSOPHIQUE SUR L'AMOUR À L'ÉLOGE AMOUREUX DU PHILOSOPHE

Or le texte ne s'arrête pas là. Survient Alcibiade, complètement ivre, qui demande à être conduit auprès d'Agathon. Nouveau convive, nouveau discours attendu. L'intrus pourtant modifie le programme ; il proférera un éloge certes, mais de celui qu'il vient, stupéfait, de reconnaître « soudain[1] » à ses côtés : Socrate.

Est-ce vraiment une modification ? On peut en douter et penser que les deux objets d'éloge se confondent, tant Alcibiade, lorsqu'il célèbre Socrate, son inflexibilité, sa force et sa vertu (c'est ici que s'intercale la description de l'épisode de Potidée), témoigne qu'il est épris de celui qui semblait être son amoureux *(erastês)* mais qu'il a lui-même tenté de séduire en vain. Il célèbre donc à sa manière la puissance de l'amour. De plus, sa description du philosophe ressemble à s'y méprendre à celle qu'a faite Diotime du démon Éros. Socrate est rude et laid, dit Alcibiade admiratif, il va pieds nus, reste debout à la belle étoile et clame toujours

1. Le même adverbe *(exaiphnês)* signale la soudaineté de cette reconnaissance ; il marquait déjà dans le discours de Diotime la brusque révélation du Beau (*cf.* J.-F. Mattéi, *op. cit.*). Cette analogie de vocabulaire permet de défendre le parallèle développé ci-dessous.

son ignorance, c'est un « véritable démon » (*daimon*, 219c). Et, de fait, Socrate tient de Penia et de Poros : il ne cesse de plonger dans l'embarras ce trop brillant jeune homme, il l'arrête dans ses actions vaniteuses et retient ses gestes séducteurs[1], tout en lui faisant comprendre qu'il attend de lui un autre comportement.

Son éloge prend donc la suite des précédents sans pour autant être un simple ajout. Prononcé dans l'ivresse, ce n'est ni un discours d'éloquence maîtrisée ni un discours d'initiation comme celui de la prêtresse. Alcibiade recourt aux images pour décrire la singularité du philosophe et, à l'inverse des cinq premiers orateurs qui dressaient des portraits laudatifs et fallacieux, il ne craint pas l'apparence de caricature pour viser le vrai. Il procédera donc par une comparaison, exposée au début de son propos et reprise à la fin (215a, 222a) : Socrate ressemble à ces silènes « que les artisans représentent avec une *syrinx* ou un *aulos* à la main ; si on les ouvre en deux, on s'aperçoit qu'ils contiennent des statues des dieux *(agalmata*[2]*)* ».

LE PHILOSOPHE EN SILÈNE, SOCRATE ET MARSYAS

L'image est célèbre. C'est d'abord celle d'un écart entre l'apparence et l'être, l'extérieur et l'intérieur, celle d'une ouverture en profondeur, écho possible de celle qui est intervenue dans le banquet, où la circulation horizontale de la parole s'ouvrait sur le discours de Diotime, figurine divine initiant au divin. Mais elle opère encore un autre écart ; car la vision renvoie aussitôt à l'audition, la sculpture à la musique, et la figurine à la possession corybantique.

1. Dans ce rôle de retenue (apotropaïque), Socrate paraît jouer vis-à-vis d'Alcibiade le rôle qu'il attribue lui-même à son propre *daimon*, *cf.* Glossaire, p. 142. \ **2.** Ces statues des dieux *(agalmata)* ne sont pas de simples images. Elles ont une valeur complexe dons le monde grec, y jouent un rôle d'offrande aux dieux, mais aussi de don entre les hommes. Objets de culte, elles manifestent la présence du sacré. Sur ces points, *cf.* Louis Gernet, *Anthropologie de la Grèce antique*, rééd. Flammarion, 1982 ; J.-P. Vernant, *Mythe et pensée chez les Grecs*, t. II, Maspero, rééd. 1974. Certains textes platoniciens insistent plus nettement sur l'aspect sacré du terme tandis que d'autres (le *Charmide*, *Le Banquet* et surtout le *Phèdre*, 251a et 252d) lui donnent une dimension érotique et religieuse à la fois, conférant à l'*agalma* une puissance de fascination magique qui témoignerait d'une relation vivante et réciproque entre le divin et l'humain.

Ces instruments dans la bouche du silène évoquent en effet le satyre Marsyas dont les airs d'*aulos* mettaient les hommes en transe. Aussi, une deuxième comparaison suit immédiatement au double bénéfice de Socrate. Son emprise est plus grande encore que celle du musicien légendaire (« À chaque fois que je l'entends, avoue Alcibiade, mon cœur bat bien plus fort que celui des corybantes et ses paroles me mettent les larmes aux yeux », 215e). En outre, la possession corporelle – les larmes coulent, le cœur bat – provient ici de la parole nue, à la différence de celle du satyre ; elle se passe de toute médiation instrumentale. Les images s'emboîtent donc elles aussi ; celle du silène met l'accent sur l'apparence physique, elle demande à être ouverte et sollicite un effort. Mais, en ronde bosse, elle dessine celle du pouvoir irrésistible d'un discours qui s'empare des auditeurs sans recourir aux instruments, ou aux médiations rhétoriques. « Dès que c'est toi qu'on écoute, ou bien tes paroles rapportées par un autre, même si celui qui parle n'a pas le moindre don, que ce soit une femme, un homme, un jeune homme, nous en sommes profondément troublés, possédés. » (215d)

De la part de Platon, c'est ici une nouvelle et indirecte attaque contre les trop habiles sophistes ; c'est aussi une jolie ironie à son encontre – ne se désigne-t-il pas lui-même puisqu'il prétend rapporter par écrit les paroles de Socrate ? On peut encore y entendre un écho possible de son dialogue *Ion* qui décrivait la puissance transitive de l'inspiration, elle aimante le poète possédé par les Muses, puis le rhapsode qui déclame, puis l'auditeur bouleversé par sa parole[1]. Dans les deux cas, la propagation de l'emprise importe plus que les maillons qui la servent, et la puissance du propos transcende les individus brusquement possédés, mis en transe et en mouvement. Cette possession est donc aussi une dépossession, les repères habituels s'effondrent, l'horizon coutumier chavire. Le poète est aimanté, l'apprenti philosophe désarçonné ; il éprouve dans le désarroi la vanité des valeurs sur lesquelles il bâtissait son existence. Alcibiade en témoigne, qui confesse que son âme est « secouée », car Socrate l'oblige à reconnaître tout ce dont il manque et à en avoir honte. C'est donc bien la voix du fils de Penia qu'il entend ; Socrate est bien un vrai démon et la philosophie est bien redéfinie dans

1. *Cf. Ion* (notamment, 533d et 535e-536b).

cet éloge étonnant, non seulement comme *philo-sophie*, mais encore comme transe et folie, *mania*.

LA *MANIA* PHILOSOPHIQUE

L'intervention de Diotime a déjà indiqué que la philosophie était amour et désir de la sagesse, et l'on ne retient souvent du célèbre portrait de Socrate en silène que le contraste entre la laideur physique du philosophe et le trésor de cette sagesse vers laquelle tous doivent tendre. Mais s'arrêter là serait minorer la charge du portrait de Socrate en Marsyas, de la philosophie comme délire bacchique – charge inquiétante lorsqu'on sait que corybantes et bacchantes se livraient à des cultes échevelés, à de véritables transes physiques et psychologiques où ils oubliaient leur identité dans une possession collective[1]. Comment concilier le délire et la réflexion, la transe et la lucidité, les pratiques dionysiaques et la progression ordonnée vers la sagesse ? Comment associer la pratique de la rationalité et le dieu des excès et des ivresses, Dionysos ? Alcibiade le fait pourtant sans retenue lorsqu'il compare la philosophie à une morsure de vipère qui fait « faire et dire n'importe quoi » (218a) et a ainsi blessé : « Phèdre, Agathon, Éryximaque, Pausanias, Aristodème et Aristophane, sans parler de Socrate lui-même, vous tous qui avez rejoint la transe philosophique *(tês philosophou manias)* et son délire bachique » (218a-b).

Le lecteur pourrait être tenté de traiter avec désinvolture ces déclarations avinées, il aurait bien tort. Là encore, en effet, le texte témoigne d'une belle cohérence. Dire n'importe quoi, n'est-ce pas, en effet, ce qui semble l'habitude de celui dont les discours « paraissent complètement ridicules au premier abord » et dont « n'importe quel imbécile à la tête vide peut se moquer » (221b) ? Faire n'importe quoi, n'est-ce pas aussi l'apparence que donne Socrate, arrêté en plein chemin et

1. Les textes anciens autorisent à penser que le renouveau du culte de Dionysos, au milieu du ve siècle av. J.-C., s'est manifesté dans une nébuleuse où se côtoyaient intimement le corybantisme (forme de *mania* rapportée aux corybantes, c'est-à-dire à des génies mis en relation avec la Grande déesse de Phrygie et d'Asie Mineure) et les bacchantes de Dionysos. *Cf.* les pièces d'Euripide (notamment *Les Bacchantes*) et les travaux de P. Boyancé, *Le Culte des Muses chez les philosophes grecs*, De Boccard, 1937, d'H. Jeanmaire, *Dionysos, histoire du culte de Bacchus*, Payot, 1951 et de M. Détienne, *Dionysos mis à mort*, Gallimard, 1977, et *Dionysos à ciel ouvert*, Hachette, 1986.

oublieux du banquet où il se rend, immobile à Potidée un jour et une nuit durant ? Par ailleurs, envoûter ses auditeurs par des propos étranges, n'est-ce pas exactement ce dont l'accusent ses adversaires, lesquels n'ont pas hésité à condamner à mort ce Marsyas philosophe, ce « sorcier » et cet « incantateur[1] » ?

Platon n'ignore rien de ces accusations et soupçons, et *Le Banquet* est, à sa manière, une réhabilitation du philosophe et un plaidoyer pour cette pratique dérangeante de la philosophie. Le livre achevé, le lecteur sait, en effet, que si Socrate est parfois plongé dans d'étranges extases, c'est qu'il se tient à l'affût de ses pensées dans l'amour de ce savoir désiré. Il sait aussi que ses propos « ridicules » sont encore silènes à ouvrir et contiennent des trésors précieux. Il sait encore qu'ils sont sans commune mesure avec les discours maîtrisés de ces sophistes qui ne se laissent ni déposséder de leur belle assurance ni posséder par une exigence impérieuse. Ils ignorent le délire philosophique suscité par l'élan amoureux d'Éros le vagabond, qui entraîne dans une transe étrange que ne peuvent comprendre ceux qui ne la partagent pas. Mais ce délire, ce déracinement hors des premières évidences, cette *atopie* (au sens propre) de la quête, cet appel impérieux, valent infiniment plus que le bon sens tranquille et suffisant de ceux qui ne s'interrogent guère. Le tout début du texte l'indiquait déjà discrètement : Apollodore se justifie de cette « manie » qu'il a de suivre partout Socrate ; ses amis le croient malheureux, mais il leur réplique vertement « [qu'] à l'inverse, quand j'entends d'autres discours, et en particulier les vôtres, vous les riches et les hommes d'affaires, je m'ennuie et j'ai pitié de vous mes amis parce que vous croyez faire quelque chose alors que vous ne faites rien » ; mécontents d'être critiqués, ces derniers le traitent de *manikos*, de fou furieux (173-174).

Dès l'ouverture, donc, se tisse en filigrane le motif de la *mania* philosophique – le discours de Diotime l'étoffera en déployant les couleurs de l'ardente quête amoureuse, celui d'Alcibiade en y tressant les fils des transes corybantiques et bachiques. Un autre dialogue de Platon,

1. Ces termes *goês kai epôdos* (sorcier et incantateur), qui sont appliqués à Socrate (*cf. Ménon*, 80a), sont les mêmes que ceux par lesquels Dionysos est disqualifié par ses ennemis (notamment dans *Les Bacchantes* d'Euripide, v 234). Dans le *Phédon* également (78a), le philosophe est assimilé à un incantateur *(épôdos)*.

le *Phèdre*, le développera explicitement en distinguant quatre formes de *mania*, maladie bénéfique octroyée par les dieux dans quatre domaines : celui de la divination par Apollon, celui des purifications par Dionysos, celui de la poésie par les Muses, celui de l'amour par Éros. Ces quatre folies transportent hors de lui celui qu'elles possèdent, le dotent d'une force accrue et insoupçonnée dont se moque celui qui n'en voit que les symptômes extérieurs. Elles l'inspirent et sont en ce sens jumelles. Mais de toutes ces folies, l'amoureuse est la plus belle. Contrairement à ce que soutient notre vocabulaire contemporain, on ne « tombe » pas amoureux, bien au contraire, on s'élève par l'amour. Car à la vue du beau incarné dans un être sensible, l'âme se remémore les beautés célestes et aspire à posséder dans une gradation le beau éternel qu'elle pressent. Projetée hors d'elle par le désir et le manque, elle sent croître ses ailes et s'élance vers l'intelligible (250a). C'est cet amour qui transforme peu à peu l'homme et le rend *philo-sophe*, quitte à passer pour fou aux yeux de la foule, car il s'est détaché de ce à quoi les autres tiennent[1]. Aux yeux de cette foule qui se satisfait de son ignorance confortable, la philosophie est bien *mania*, transe délirante et Aristophane peut se moquer de ce Socrate « ailé », dans « les nuées[2] », que tous jugent atopique. Mais lorsqu'on a entrevu, derrière les trompeuses apparences, les promesses d'un beau pur et sans mélange, alors on comprend, comme Apollodore, que les plus malheureux sont ceux qui se moquent et que la *mania* de la morsure philosophique est le plus beau cadeau que puissent faire les dieux.

IVRESSE ET VÉRITÉ. LA FUITE D'ALCIBIADE

La philosophie est donc la sœur des transes dionysiaques et des transports poétiques. À l'image des anecdotes de Socrate qui s'ouvrent sur des trésors, le texte de Platon, de détails amusants en événements drolatiques, s'ouvre à son tour sur un sens savamment composé. Le

1. « Comme il s'est détaché de ce à quoi tiennent les hommes et qu'il s'attache à ce qui est divin, la foule le prend à partie en disant qu'il a perdu la tête, alors qui est possédé pu un dieu, ce dont ne se rend pas compte la foule. » *Phèdre*, 249d-250a. \ **2.** C'est le nom de sa pièce. Platon a déjà riposté dans l'*Apologie de Socrate* (19c) : « Voilà en effet ce que vous avez vu par vous-mêmes dans la comédie d'Aristophane : un certain Socrate [...] déclarant qu'il s'élève dans les airs en débitant mille autres fadaises. »

Banquet débute sous le patronage de Dionysos ; il se poursuit par un refus de la beuverie et le désir de célébrer Éros ; il se ferme enfin par un éloge amoureux de Socrate (homme exceptionnellement résistant à la boisson), prononcé par quelqu'un qui se dit tout à fait ivre. L'ivresse du vin figure celle des sens qui en cache une autre, plus haute encore. La vision du silène fait progresser de l'extérieur à l'intérieur, le texte conduit semblablement de l'ivresse la plus extérieure (la boisson) à la plus intime (la philosophie). Mordu au cœur ou à l'âme par une vipère, Alcibiade ne peut être compris que de ceux qui partagent la *mania* philosophique et ses ivresses. Le silène protège dans l'opacité de son sens apparent le mystère qu'il contient et ne s'ouvre qu'aux yeux d'un cœur ivre de sagesse et d'une âme initiée.

Pour autant l'initiation demande un effort et une active participation ; il faut prendre le temps de s'arrêter pour soupçonner l'apparence du silène et vouloir l'ouvrir. Et, quoi qu'en dise d'abord Alcibiade, les propos de Socrate n'envoûtent que celui qui prend la peine de s'y arrêter. Sa propre attitude en témoigne. Ils sont seuls capables de lui faire éprouver de la honte, dit-il, mais, au lieu de s'immobiliser pour les écouter, il se « force donc, comme pour ne pas entendre les Sirènes, à [se] boucher les oreilles » et à « prendre la fuite » (216a-b). Il fuit dans un activisme vain pour s'étourdir et non se corriger, pour s'aveugler et non se convertir ; il fuit devant de feintes Sirènes et non devant la morsure de la philosophie. Car les Sirènes séduisent, enchantent et ne reprochent rien ; or Alcibiade fuit les reproches d'un philosophe qui lui révèle une exigence autre que ce souci vaniteux d'être admiré des Athéniens. Il n'est donc pas aussi possédé qu'il le dit pour justifier sa peur.

C'est une belle réhabilitation de Socrate contre ceux qui l'accusent de corrompre la jeunesse. En effet, la fuite d'Alcibiade témoigne *a contrario* de son indépendance ; il est seul coupable de ce qu'il est devenu[1] ;

1. Malgré ce que prétendaient ceux qui montraient l'influence néfaste de Socrate en brandissant à charge le cas d'Alcibiade. On sait, en effet, que le brillant jeune homme manifestait une insolence irritante pour ses contemporains et fut soupçonné de conspirer contre la démocratie. De fait, accusé de complicité dans la mutilation en 415 av. J.-C. des « Hermès », sortes de piliers statues que la piété populaire honorait, et dans d'autres profanations religieuses, Alcibiade, sur le point d'être jugé, réussit à s'enfuir à Sparte où il complota activement contre Athènes. On peut se demander s'il n'y a pas ici, dans le texte de Platon, un rappel ironique de cette fuite. Il disculpe en tout cas Socrate de son échec pédagogique.

la *mania* philosophique ne dispose pas des individus contre leur gré et Socrate ne met en « transe » que ceux qui reconnaissent dans sa voix l'exigence vers laquelle ils tendent. À l'inverse se dessine donc un portrait d'Alcibiade moins flatteur qu'il n'y paraissait, ce beau jeune homme plein de talents est resté à mi-route, se flattant d'avoir été mordu par une vipère philosophique alors qu'il fuit devant ce qu'il pressent. À moitié mordu, il est aussi à moitié instruit par ses échecs de séducteur, incapable de renoncer à plaire et à miser sur son apparence. Socrate opposait une patiente impassibilité à ses ruses enjôleuses ; à sa fuite frénétique le texte a déjà opposé aussi l'immobilité du philosophe, tout à sa concentration intérieure. La possession envoûtante de Marsyas est encore silène. Qui veut bien l'ouvrir y trouve l'effort continué et accepté d'une quête intérieure.

L'UNITÉ DU TEXTE, LA NÉCESSAIRE PATIENCE DU LECTEUR

Les propos s'ouvrent non sur une seule figurine mais sur plusieurs qui peuvent elles-mêmes avoir de multiples applications. Dédoublement vertigineux que l'on pourrait appliquer au dialogue entier. Devant Agathon, Socrate est ce Silène laid et rude ; devant la belle éloquence de son hôte, il n'a qu'un *aulos* en bouche ; mais sa grossièreté apparente s'ouvre sur l'invite exaltante de la parole de Diotime, qui s'ouvre à son tour sur la perspective de la révélation. Le regard d'Alcibiade retourne à son tour les apparences, y compris celle de sa propre beauté, superficielle et creuse. Il voulait l'échanger contre une beauté intérieure et « échanger de l'or contre du bronze », comme le souligne ironiquement Socrate qu'il voulait séduire (219a). Troc de dupes, manœuvre naïve, à l'envers du chemin progressif décrit par Diotime. L'anecdote est encore silène qui masque l'effort de l'initiation. Elle produit ainsi un effet d'avertissement *a posteriori* pour le lecteur pressé, pour l'amoureux impatient. La séduction est une contre-initiation. L'Amour est médiation dans une gradation ; se hâter aveuglément, c'est méconnaître sa nature démonique. Il faut apprendre la suspicion des apparences, faute de quoi l'on en restera à une « opinion de la beauté » ; il faut aiguiser son esprit dans la patience des emboîtements.

Le texte platonicien met à l'épreuve son lecteur par la multiplicité de tels emboîtements. Tout y est construit pour prendre le lecteur au piège (au masque) de ce qui se révèle n'être encore qu'une vision superficielle. Tout s'y répond.

Ainsi, comme on l'a vu, le prologue a présenté Socrate arrêté tout à ses pensées, montrant l'impact physique de cette soudaine vision que Diotime évoquera. En clôture, Alcibiade décrira la scène de Potidée. La révélation de la prêtresse est donc enchâssée entre les deux manifestations « extatiques ». Le texte a proposé un silène, l'a ouvert puis refermé. Par ailleurs, les discours des convives ont progressé de la superficialité bavarde à l'essentiel. L'étrangère Diotime a décrit l'Amour comme philosophe et démon. Une dernière intervention est enfin nécessaire (extérieure aussi mais inversée : à l'évocation d'une absente répond l'intrusion d'un fêtard) pour indiquer discrètement que la prêtresse est cette « statue du dieu » cachée dans le silène du propos socratique et que le philosophe est l'initiateur démonique de la révélation. Vecteur de l'élévation, il est lui-même toujours en mouvement et justement caractérisé par cette atopie qui consternait Agathon, que l'étrangère personnifiait, et qui justifie l'ultime recours à la comparaison, donc au silène.

CONCLUSION

Le Banquet est donc un texte superbement construit, qui entrelace sans cesse trois éloges, celui de Socrate, celui de l'amour et celui de la philosophie.

Dans ce tissage serré, la philosophie prend une valeur et un sens nouveaux. Elle se trouve définie de manière décisive, non comme savoir et possession, mais comme dénuement et aspiration, comme délire et élan, comme enfantement et partage. Car la fécondité n'est qu'une étape. Le mouvement du savoir est à l'inverse de la jouissance avaricieuse d'une « trouvaille ». Le seul terme d'une grossesse est la délivrance, l'ouverture libératrice qui rend possible une autre vie. Cette délivrance est généreuse. Devant la pensée en germination se tient le pédagogue maïeuticien[1]. Il n'a rien à donner en propre et dénonce les

---

1. Socrate disait tenir de sa mère le métier d'accoucheur, de maïeuticien. *Cf. Théétète*, 150c-d et Glossaire, p. 144.

trocs, car il ne s'agit pas de s'approprier quelque chose, mais d'éveiller le désir d'apprendre et d'aider chacun à gravir le chemin d'une nécessaire conversion.

Voilà pourquoi Socrate ne sait rien hors l'amour, restriction singulière, remarquable et significative qui ouvre *Le Banquet* (177d). Voilà pourquoi ses protestations d'ignorance ne sont pas une simple ruse. S'y affirme le désaveu d'un savoir pensé comme un avoir, la condamnation des compétences pensées comme des possessions intellectuelles intangibles, le refus pour lui (pour ses interlocuteurs aussi) de l'argument d'autorité. Il n'y a pas de vérité stable, assurée, gage de science et de pouvoir, qui « s'écoulerait » du maître dans le disciple (175d). Chacun doit conquérir la sienne, chacun doit gravir son échelle, chacun doit se confronter à cet inconfort de la quête. L'amour est une médiation privilégiée, créant et soutenant l'effort, adjuvant précieux et délicieux, car dans l'ardeur stimulante du transport s'oublie la douleur du manque qu'elle révèle. Celui qui souffre le plus est celui qui ne le sait même pas, replié sur lui-même, pelotonné sur sa stérilité (206d). Aimer et procréer, c'est accéder à la légèreté ailée de la générosité, celle de la philosophie, celle du maïeuticien Socrate.

Son disciple Platon en a bénéficié. Droitement initié, il a pu à son tour se tourner « vers l'océan immense de la beauté » pour le contempler et enfanter « un nombre infini de discours beaux et imposants » (210d), parmi lesquels ce texte du *Banquet* qui n'a cessé à son tour d'inspirer la postérité.

OUTILS COMPLÉMENTAIRES

GLOSSAIRE

APORIE

Le terme appartient à la même famille sémantique que le mot *Poros*. L'aporie se définit précisément par l'impossibilité (marquée par la particule privative « a ») de trouver un chemin, une ressource (un poros), par l'embarras voire la détresse qui en résulte. Elle s'oppose ainsi à l'euporie (qui désigne la facilité et l'aisance dans la multiplication des voies et des réponses possibles (*cf.* Pierre Chantraine, *Dictionnaire étymologique de la langue grecque*, Klincksieck, 1968). Les premiers dialogues platoniciens sont dits « aporétiques » dans la mesure où la notion qu'il s'agit de définir ne peut l'être dans le cadre de l'entretien et n'est pas complètement élucidée. Les personnes en présence avouent leur embarras et ne peuvent conclure. Socrate a la réputation de plonger ses interlocuteurs dans l'aporie (l'*elenchos* peut y contribuer, *cf. infra*). Mais l'aporie ne doit pas être jugée négativement : elle a une vertu positive et salvatrice, car elle libère des fausses certitudes et des présomptions et ouvre ainsi la voie à une recherche approfondie de la vérité. Dans le *Ménon*, ce double aspect est explicitement affirmé et l'embarras provoqué se révèle bénéfique (80a-b puis 84a-d ; *cf.* aussi *Théétète*, 210a-d).

ATOPIE

Comme le terme « aporie », celui d'« atopie » est composé à partir de la particule privative « a » qui s'applique ici au mot *topos*, le lieu. Le terme signifie donc littéralement « hors de son lieu » et, par extension, « étrange, insolite, extravagant ». Platon insiste sur ce trait socratique, qu'il développe explicitement dans *Le Banquet* et dans l'*Apologie de Socrate*, mais il le suggère également ou le mentionne dans d'autres textes (*Phèdre*, *Ménon*, *Théétète*). Le philosophe ne se comporte jamais comme on pourrait s'y attendre, il déroute ses interlocuteurs par son attitude ou ses interventions ; en conséquence, Platon fait de lui des portraits souvent biaisés et eux-mêmes déroutants, empruntant le détour des comparaisons ou du bestiaire animal. Dans *Le Banquet*, par exemple, Socrate est qualifié tour à tour de silène et de vipère ; mais il est aussi un taon (*Apologie*, 30e), une raie torpille qui paralyse l'interlocuteur, un sorcier et un incantateur (*Ménon*, 80a), un vieux bougon qui asticote de ses questions (*Hippias majeur*). L'atopie est ainsi souvent mise en relation avec l'aporie dans laquelle il plonge ses interlocuteurs (*cf. Théétète*, 149a : « On prétend que je suis le plus déroutant *(atopôtatos)* des hommes et que je ne fais que mettre les autres dans l'embarras *(aporia)* », trad. L. Robin, coll. « Bibliothèque de la Pléiade », Gallimard, 1950).

DAIMON (DÉMON)

Le terme se rencontre dans le corpus platonicien avec deux acceptions liées. La première, plus générale, est celle de l'être démonique que Diotime décrit explicitement dans *Le Banquet* (202) : le démon est un être intermédiaire entre les dieux et les humains, médiateur entre eux, et susceptible en conséquence de conduire du monde sensible au monde intelligible. La seconde, plus spécifique, est celle du *daimon* de Socrate. Ce dernier évoque « l'intervention d'une sorte de voix qui, lorsqu'elle se manifeste, me détourne toujours de ce que j'allais faire *(apotrepei)* et jamais ne me pousse à agir *(protrepei)*. » (*Apologie de Socrate*, 31d.) Le « je ne sais quoi de divin et de démonique » a donc la double caractéristique de se manifester au seul philosophe et ce, afin de retenir une action qui risque d'être nuisible ou fautive : c'est la dimension apotropaïque. On peut pourtant noter que, dans certains textes, notamment *Phèdre*, 242bc, cette action de retenue s'accompagne d'une incitation à une autre action (dimension protropaïque). Le *daimon* semblerait jouer alors le rôle d'une conscience morale supérieure ; en forçant Socrate à refuser la facilité d'une action non interrogée, il l'oblige à chercher plus avant. En ce sens, le *daimon* n'est pas loin de susciter chez Socrate cette aporie que le philosophe provoque chez ses interlocuteurs – le rapprochement entre les deux est d'ailleurs esquissé dans *Hippias majeur*, 304c. Même s'il ne se manifeste pas explicitement dans *Le Banquet*, il semble agir pour immobiliser Socrate sur le chemin qui le mène vers son hôte et le contraindre à se concentrer sur l'idée qui vient. Semblablement, Socrate serait le *daimon* d'Alcibiade, le retenant d'agir à tort et à travers et l'incitant, par cette retenue même, à se mettre en quête d'une autre attitude. En ce sens encore, le *daimon* est bien ce démon que décrit Diotime, qui aide à s'arracher au sensible des apparences pour accéder à la compréhension intelligible.

ELENCHOS

Le mot a évolué du domaine moral de la honte éprouvée dans un conflit, au domaine juridique de la réfutation d'une accusation. L'apport de Socrate est de le comprendre comme la reconnaissance par un interlocuteur de bonne foi de ses propres contradictions (*Apologie*, 27a) en l'amenant, par l'entretien, à accepter une position incompatible avec ses premières affirmations. La cohérence l'oblige à admettre son erreur. Socrate y recourt très fréquemment. Ici, Platon le montre d'abord réfutant Agathon (199c-201c) ; mais juste après et de manière moins habituelle, c'est lui qui est réfuté par Diotime (201e-220d). Ce double registre est très éclairant ; si les commentateurs ont beaucoup insisté sur la dimension négative de l'*elenchos* (puisqu'il réfute mais ne procure aucune certitude), on ne doit pas méconnaître une face positive : l'adhésion subjective du répondant, son engagement dans la discussion peuvent le prédisposer à quitter ses préjugés et à progresser vers la vérité. Dans *Le Banquet*, ces deux faces sont assez nettement perceptibles, Agathon réfrène poliment son agacement, mais Socrate rend hommage à Diotime et, de fait, elle va développer à la suite un enseignement positif.

INTELLIGIBLE/SENSIBLE

Le sensible est l'ensemble des réalités susceptibles d'être perçues par les sens. Ces réalités sont en devenir incessant, soumises à la corruption et à la génération, en perpétuel changement. Étant perçues par nos sens et à travers le filtre de nos corps, elles sont également objets d'illusion et de confusion. Aucun savoir stable et permanent ne peut donc se fonder sur ces réalités sensibles, multiples, variables et évanescentes. Cela conduit Platon à faire l'hypothèse de l'existence d'Idées *(eidos)* intelligibles, universelles et immuables qui seraient à la fois les causes et les modèles des choses sensibles (*Timée*, 29d-31a et 51e-c). Celles-ci peuvent dès lors être perçues et pensées dans la mesure où elles procèdent de l'intelligible mais n'en proposent qu'une apparence dégradée. Ainsi un beau corps ne serait beau que dans la mesure où il participe de l'Idée du beau ; mais, toujours dans cette mesure, il ne peut être beau que de manière éphémère et partielle. Dans la mesure où tout le sensible en provient, ces Idées sont donc plus réelles que les « réalités » sensibles qui ne sont que des ombres et reflets du monde intelligible. Le philosophe est celui qui en prend conscience et opère, à partir des choses sensibles, une véritable conversion du regard pour abandonner progressivement ce registre et apprendre peu à peu à regarder, par l'âme et non plus par le corps, les choses en elles-mêmes (*La République*, VI & VII ; *Phèdre*, 246a-249d).

MAÏEUTIQUE

Le terme désigne l'art d'accoucher les autres. Socrate disait tenir de sa mère, qui était sage-femme, ce métier de maïeuticien. De fait, il l'exerce sur les âmes des jeunes gens pour les aider à enfanter les vérités qu'ils portent en eux, mais aussi pour les aider à dépasser les douleurs de l'enfantement (*Théétète*, 148e-151e). L'aporie, dans laquelle il les jette souvent, et l'*elenchos*, qui paraît parfois rude (*cf. supra*), ont la vertu de défaire les fausses opinions qui obstruent les issues pour libérer plus aisément l'accès à la vérité. La douleur peut être féconde, il faut l'assumer mais aussi la dépasser. Par son questionnement incessant, Socrate aide les impétrants philosophes à ne pas se réfugier dans le confort des certitudes, à ne pas abandonner la quête, à juger enfin si l'évidence nouvellement mise au jour est viable ou non. La maïeutique comporte un autre versant encore : celui de la modestie adjuvante du pédagogue. Loin de professer une vérité toute prête, il dit ne rien savoir, ne pas rougir de chercher à apprendre (*Hippias mineur*, 372) et ne juge pas des autres. S'il les éprouve par ses questions, c'est pour éprouver avec eux la valeur de leurs énoncés et cheminer vers l'illumination du savoir. Il ne s'agit pas d'apporter des connaissances extérieures mais de convertir le regard et d'accéder ainsi à la réalité intelligible des Idées (*cf.* aussi Intelligible/Sensible, Philosophie).

PHILOSOPHIE

La philosophie est redéfinie dans les textes platoniciens comme l'amour de la sagesse ; elle n'est donc ni un savoir ni une sagesse que l'on posséderait de manière définitive, mais elle est la tension vers le vrai qui dynamise une vie entière et la régit. Le philosophe est celui qui, taraudé par le désir et la douloureuse reconnaissance d'un manque essentiel, met tout en œuvre pour atteindre une plénitude entrevue. Entraîné par cet élan amoureux, il ne craint ni les opinions de la foule, ni le ridicule, ni même la mort. Le philosophe peut sembler fou et, de fait, il est possédé par la *mania* bénéfique que lui envoient les dieux *(Phèdre)*. Mais cette heureuse folie est « le bienfait le plus important [...] qui sera jamais accordé à la race mortelle » (*Timée*, 47a-b) ; par elle, l'homme s'arrache aux apparences et à l'obscurité de sa condition de mortel et cherche à contempler la beauté éblouissante des vérités intelligibles. Aux yeux de Platon, Socrate incarne cette quête continue et cette exigence. L'aspiration au savoir n'est pas une simple manière de penser mais dicte nécessairement une manière de vivre. En ce sens, le philosophe diffère profondément du sophiste.

SOPHISTE

Le terme *sophistês*, de la même famille que *sophos* (le sage), désigne à l'origine celui qui est habile et expert dans une discipline. Dans l'Antiquité, les sophistes ont désigné des maîtres, souvent remarquables par leur éloquence, qui se faisaient richement payer pour transmettre leur savoir et prétendaient former la jeunesse. Habiles dans la parole, ils font profession d'enseigner la vertu mieux et plus vite que quiconque (*Euthydème*, 273d). Par la voix de Socrate, Platon les accuse de faire commerce des raisonnements et d'user de leur habileté technique pour convaincre, quelle que soit la thèse proposée, au lieu de rechercher la vérité et de ne défendre qu'elle. Dans de nombreux textes, il stigmatise aussi leur prétention à la maîtrise et leur goût immodéré de l'argent, des honneurs et du pouvoir (*Protagoras*, 312b-314b ; *Gorgias*, 452-456 ; *Sophiste*, 223-224 et 232-233). À cette imposture intéressée qu'il distingue de la compétence (premier sens du terme *sophistês*), il opposera avec vigueur l'engagement amoureux du philosophe. Aussi, dans *Le Banquet*, lorsqu'il qualifie l'Amour (203d), puis Diotime (208c), de *sophistês*, on peut penser qu'il joue de ce premier sens – ce qui n'exclut pas l'ironie implicite vis-à-vis des interlocuteurs (proches des maîtres de sophistique) dans la reprise d'un vocabulaire désormais subverti.

BIBLIOGRAPHIE

L'édition bilingue des œuvres complètes de Platon est disponible en 14 volumes aux Belles Lettres. La plupart des œuvres de Platon ont été également publiées dans le collection GF-Flammarion.

Œuvres de Platon complémentaires à la lecture du Banquet

Apologie de Socrate
Traduction, notes et analyse Claude Chrétien, « Classiques et Cie Philosophie », Hatier, 2007.

Hippias majeur
Traduction, notes et analyse Jean Lacoste, « Classiques et Cie Philosophie », Hatier, 2007.

Ion

Ménon

Phèdre

La République

Théétète

Ouvrages critiques

Autiquet, Michel, *Platon*, Eros pédagogue, Hachette, 2000.

Brisson, Luc et Pradeau, Jean-François, *Le Vocabulaire de Platon*, Ellipses, 1998.

Brunschwig, Jacques et Llyod, Geoffroy (direction), *Le Savoir grec*, Flammarion, 1996.

Burkert, Walter, *Les Cultes à mystères dans l'Antiquité*, Les Belles Lettres, 1992.

Canto, Monique (direction), *Philosophie grecque*, PUF, 1997.

Dixsaut, Monique, *Le Naturel philosophe. Essai sur les dialogues de Platon*, chap. III : « Éros philosophe », Les Belles Lettres-Vrin, 1994.

Dodds, Éric Robertson, *Les Grecs et l'irrationnel*, coll. « Champs », Flammarion, 1997.

Gernet, Louis, *Anthropologie de la Grèce antique*, coll. « Champs », Flammarion, 1982.

Hadot, Pierre, *Qu'est-ce que la philosophie antique ?*, coll. « Folio Essais », Gallimard, 1995 ; Éloge de Socrate, Allia, 1998.

Mattéi, Jean-François, *Platon et le miroir du mythe*, chap. X : « Éros et le mythe de l'amour », PUF, 1996.

ROBIN, Léon, *La Théorie platonicienne de l'amour*, Alcan, 1908, réédition PUF, 1964 ; *Platon*, Alcan, réédition PUF, 1997 ; Notice introductive au « Banquet », Les Belles Lettres, réédition 1989.

VERNANT, Jean-Pierre, *L'Individu, la mort, l'amour*, Gallimard, 1996.

WOLFF, Francis, *Socrate*, coll. « Philosophies », PUF, 1985.

Classiques & Cie Philosophie

400 Aristote
Éthique à Nicomaque

401 Descartes
Discours de la méthode

402 Descartes
Méditations métaphysiques

403 Épictète
Manuel

404 Épicure
Lettre à Ménécée

405 Hegel
La Raison dans l'histoire

406 Kant
Analytique du beau

421 Kant
Conjectures sur le commencement de l'histoire humaine

407 Kant
Fondement pour la métaphysique des mœurs

408 Kant
Qu'est-ce que les Lumières ?

409 Kant
Vers la paix perpétuelle

410 Machiavel
Le Prince

411 Nietzsche
Crépuscule des idoles

412 Platon
Apologie de Socrate

420 Platon
Criton

413 Platon
Gorgias

414 Platon
Hippias majeur

415 Platon
La République

416 Platon
Le Banquet

417 Rousseau
Discours sur l'origine et les fondements de l'inégalité parmi les hommes

418 Rousseau
Du contrat social

419 Spinoza
Traité théologico-politique

420 Freud
L'Avenir d'une illusion

Hatier s'engage pour l'environnement en réduisant l'empreinte carbone de ses livres. Celle de cet exemplaire est de :
350 g éq. CO_2
Rendez-vous sur www.hatier-durable.fr

PAPIER À BASE DE FIBRES CERTIFIÉES

Achevé d'imprimer par Grafica Veneta à Trebaseleghe - Italie
Dépôt légal n° 97195-2/01 - Décembre 2012